DIE UNSICHTBAREN SÖHNE EUROPAS

Vergessen zwischen zwei Welten

Inhalt

Vorwort 2

1. Das fremde Kind 7
2. Heimatliebe 2.0 21
3. Mit dem Alter kommt die Reife 35
4. Morgen beginnt schon heute 47
5. Gemeinsam einsam 59
6. Im Namen Gottes 64
7. Armageddon Europa 80
8. Ein Reset für die Seele 117
9. Basis Familie 124
10. Mein Freund, der Lehrer 133
11. Ärger im Paradies 137
12. Endstation Schicksal (Schlusswort) 144

Zeilen der Vernunft (Zitate von A.Bayram) 151

Die unsichtbaren Söhne Europas
Vergessen zwischen zwei Welten

Liebe Leser, vorerst möchte ich mich für euer Interesse an diesem Buch bedanken. Es gab viele Gründe für mich, meine Gedanken und Erfahrungen mit euch zu teilen, vor allem aber wollte ich meinen Beitrag leisten. Mit diesem Buch werden sich manche von euch identifizieren können, einige von euch werden die Gelegenheit bekommen, die Dinge aus einer anderen Perspektive zu betrachten, und vielleicht wird es sogar Leser geben, die hier eine Inspiration oder Motivation finden, um gewisse Dinge im Leben zu ändern.

Es sind aufregende Zeiten, alles um uns herum verändert sich rasend schnell und wir werden technologisch, politisch wie auch sozial vor eine große Herausforderung gestellt.

Die Frage, die sich hier herauskristallisiert, ist, wie wir mit diesen Herausforderungen umgehen. Werden wir uns immer mehr in kleinere Gruppen aufteilen und uns gegenseitig die Verantwortung zuschieben oder werden wir gemeinsam als Menschheitsfamilie uns der Sache annehmen?
Rassismus, Terrorismus und Migration sind sicherlich einige der großen Hürden, die wir gemeinsam überwinden müssen. Die beste Möglichkeit, Probleme zu lösen, ist, eine präzise Ursachenforschung zu betreiben. Dazu müssen wir manchmal bereit sein, unsere Komfortzone zu verlassen und uns der ungemütlichen Wahrheit zu stellen.
Wir werden wichtige und sehr interessante Themen ansprechen und uns Gedanken darüber machen, wie wir unsere Gesellschaft zu einer besseren machen können.
Erst wenn wir in der Lage sind, uns für einen kurzen Augenblick in die Situation anderer zu versetzen, können wir vielleicht verstehen, warum sich Menschen so verhalten wie sie es eben

tun.

Die Geschehnisse mal aus einer anderen Perspektive betrachten. Ja, ich denke, das ist das, was wir brauchen, Empathie!

Es ist nicht immer einfach, den Überblick zu behalten, gerade in Zeiten wie diesen. Eine riesige Informationsflut rast täglich auf uns zu, eine Lawine aus Propaganda, Hetze und Fake News überrollt uns fast stündlich und begräbt unsere freien Gedanken. Noch nie war es so schwer, eine eigene Meinung zu bilden, noch nie so schwer, neutrale Gedanken zu fassen, und noch nie so schwer, objektive Entscheidungen zu treffen.
Wir müssen aufwachen, wieder aufstehen und dürfen uns nicht länger vom gegenseitigen Hass und Misstrauen kontrollieren lassen. Die Menschen sollten wieder öfter miteinander reden, mehr aufeinander zugehen und sich hin und wieder für die Probleme anderer interessieren. Das Leben ist schön, zu schön, um es mit Vorurteilen und gegenseitiger Respektlosigkeit zu

vergiften.

Wenn in den sozialen Netzwerken wieder Kriegsstimmung herrscht und alle aufeinander einprügeln, flüchte ich mich gerne in meine Kindheit zurück.
In eine Kindheit, die wunderschön war, in eine Kindheit, in der man noch Kind sein durfte. In eine Zeit, in der man kaum mitbekommen hat, wenn mal auf der Welt nicht alles glatt lief. Meine Kindheit - genau da fangen wir am besten an und versuchen, die Welt, Deutschland und Stuttgart aus der Perspektive eines kleinen türkischen Jungen zu sehen. Eines Jungen, der zum Mann wurde, eines Mannes, der zum Vater wurde und eines Vaters, der versucht, seinen Kindern eine friedliche Welt zu hinterlassen.
Genau darum geht es in diesem Buch. Es geht um den Versuch, die Welt um uns herum zu verändern. Geschichten und Erfahrungen, ungefiltert und wahr, aus dem echten Leben mit echten Menschen. Mindestens genau so echt wie die schmerzhaften Erlebnisse und wunderschönen Erfahrungen, die ich hier mit euch teilen werde.

Legen wir los! Im Namen aller, die es satthaben, in einer Welt voller Verachtung zu leben, in einer Welt, die nur in schwarz und weiß aufgeteilt ist, und im Namen derer, die wieder hoffen möchten.

Das fremde Kind

Meine Eltern lebten in einem kleinen Dorf nahe der Stadt Bayburt in Ost-Anatolien. Die Geschichte meiner Eltern könnte direkt aus einem Drehbuch stammen. Meine Mutter, die Tochter einer der wohlhabenden Familien im Dorf, und mein Vater, der in Armut lebende Junge, der ohne Vater aufwuchs. Doch das Schicksal meinte es gut mit meinen Eltern. Während mein Vater auf dem Hof seines Vaters arbeitete, begegnete er meiner Mutter.
Trotz aller Hürden wurde aus dieser Begegnung eine über 65 Jahre anhaltende Ehe. Niemand hielt es für möglich, dass ein Mädchen aus so wohlhabenden Verhältnissen sich bereitwillig der Armut stellen würde.

Manchmal kann die Liebe stärker sein als finanzielle Bedenken und manchmal sind finanzielle Bedenken der Grund, weshalb man nie die richtige Liebe findet. Ich finde es sehr schade, dass in den meisten Diskussionsrunden über Gastarbeiter

versucht wurde, vieles in Zahlen darzustellen. Richtig wäre es gewesen, über die Menschen und ihre Geschichten zu sprechen. Nicht nur von Arbeitskräften, sondern von Familien, Schicksalen, Träumen und Hoffnungen. Vielleicht hätten wir es dann geschafft jedem klarzumachen, dass es hier um Menschen geht und nicht um Zahlen.
Mein Vater arbeitete hart und meine Mutter war eine Meisterin im Wirtschaften. Schnell ließen sie die Armut hinter sich und bauten sich ihre eigene kleine Welt auf. Eine sehr bescheidene, aber glückliche Welt. Sechs Kinder brachte meine Mutter zur Welt und mein Vater arbeitete vorwiegend auswärts, in den Großstädten, meist auf dem Bau, und wurde mit der Zeit ein sehr guter Handwerker.
Dann kam die Zeit der Gastarbeiter. Deutschland und die Türkei unterzeichneten einen Vertrag, der die Zuwanderung türkischer Arbeitskräfte nach Deutschland regelte.
Es ist sehr schwer nachzuempfinden, wie sich jemand fühlen muss, der seine

Familie zurücklässt, um ihr eine bessere

Zukunft bieten zu können. Eine Reise, die ins Ungewisse führt, in einem fremden Land, in eine fremde Kultur. Ohne einen konkreten Plan, nur mit der Gewissheit, dass es von kurzer Dauer sein würde und mit einem Hauch von Hoffnung auf eine schönere Zukunft. Der Gedanke, seine Ehefrau und Kinder für mehrere Monate oder gar Jahre nicht zu sehen, wäre für uns nicht vorstellbar. Aber die Armut in Kombination mit der Hoffnung auf eine Verbesserung kann manchmal Menschen Unglaubliches tun lassen. In Deutschland angekommen, wurden aus Wochen Monate und aus Monaten Jahre.
Irgendwann wurde den Menschen klar, dass dieser Aufenthalt nicht wie geplant von kurzer Dauer sein würde.
Die Sehnsucht der Familien war nicht mehr zu ertragen, die Kinder sahen ihre Väter nur einmal im Jahr und das für nur wenige Wochen. Und die Ehefrauen warteten sehnsüchtig auf die Briefe ihrer Männer, um sie wieder und wieder lesen zu können. Also begannen die ersten, ihre Familien nachzuholen, und läuteten damit

eine neue Ära ein; aus Gastarbeitern wurden Gastarbeiter-Familien.

Auf diese Situation waren weder die Gastarbeiter noch die deutsche Gesellschaft vorbereitet. Die Entwicklung nahm ihren Lauf und alle versuchten, das Beste daraus zu machen.

Stuttgart entwickelte sich über die Jahre von einer fremden Stadt in einem fremden Land immer mehr zu unserer Heimat. 1981 kam ich in Stuttgart-West auf die Welt. Ich war der Erste aus meiner Familie, der auf deutschem Boden geboren wurde. Nun stand es außer Frage, ob wir in Stuttgart wirklich zu Hause sind. Die Weinberge, die Königstraße und der Daimlerstern waren für uns keine Bilder auf irgendwelchen Postkarten mehr, sondern das vertraute Bild, das uns täglich an unser Zuhause erinnerte.
An meine Kindheit erinnere ich mich gerne zurück, es war eine schöne Zeit. Die Liebe und Zuneigung meiner Familie konnte ich förmlich spüren. Es fehlte mir

an nichts.

Ich hatte Menschen um mich herum, die mich liebten und immer für mich da waren.

Für mich war es immer ein kleines Abenteuer, wenn meine Eltern und ich die Stuttgarter Markthalle besuchten. Der Einkauf wurde schnell zur Nebensache und die Markthalle verwandelte sich für mich zu einem großen Spielplatz. Am Eierstand stand ein ausgestopfter Hahn. Er stand immer auf der Theke, am selben Platz.
Ich war fasziniert von diesem Tier. Jedes Mal, wenn wir vorbeigingen, hatte ich das Gefühl, von ihm beobachtet zu werden. Als würde es sich jeden Augenblick bewegen und auf mich zulaufen.
Eines Tages nahm ich meinen ganzen Mut zusammen und strich ihm über den Körper. Das war eine meiner ersten Ängste, denen ich mich offen stellte. Eine Art Mutprobe, viele andere sollten aber folgen.

Wir wohnten direkt in der Innenstadt -
damals konnte man es sich noch leisten -

aber wirklich schön war die Zwei-Zimmer-Wohnung nicht. Es gab kein Badezimmer, also musste die provisorische Kunststoffwanne herhalten. Trotzdem hatten wir eine schöne Zeit. Die Familie war zusammen und wir bekamen sehr oft Besuch. Die Tatsache, dass meine Mutter kein Deutsch verstand, war für mich etwas ganz Normales. Ich dachte, das muss so sein. Das Gefühl, fremd zu sein, kannte ich als Kind noch nicht. Hin und wieder brüllte jemand meiner Mutter hinterher oder gab einen dummen Kommentar ab.
Meine Mutter tröstete mich immer mit demselben Spruch: „Keine Angst, er ist nur betrunken und redet Quatsch!" „So wird es wohl sein", dachte ich mir. Darüber habe ich mir nie ernsthaft Gedanken gemacht, denn ich wusste weder, was betrunken bedeutet noch habe ich verstanden, was diese Männer meiner Mutter hinterherschrien.

An die Anmeldung im Kindergarten kann ich mich nicht erinnern, aber an einzelne Szenen. Da war dieses Klettergerüst. Ich war hochgeklettert und beobachtete die

anderen Kinder. Bis ich auf die glorreiche Idee kam, mich von dort oben herab auf einen anderen Jungen zu stürzen. Natürlich sollte das Ganze nur ein harmloser Scherz sein. Geendet hat das jedoch mit meinen beiden Schneidezähnen in seinem Kopf. Sie fielen mir beide aus und das andere Kind blutete und wir beide hatten Schmerzen. Zum ersten Mal wurde mir bewusst, dass mein Handeln Konsequenzen hat und ich etwas Falsches getan hatte. Es gab selbstverständlich sehr viel Ärger, aber alle wussten, dass dies nur ein Unfall war.
Den Kindergarten besuchte ich nur ein paar Monate, ich könne schon in die Schule gehen, hieß es. Vorausgesetzt ich würde den Schultest bestehen.

Natürlich freuten sich alle in der Familie darüber, aber in der ganzen Aufregung ging etwas unter: Ich beherrschte die deutsche Sprache kaum.
Bis heute verstehe ich nicht, warum sie ein Kind, das Deutsch weder richtig verstehen noch sprechen konnte, unbedingt in die Schule schicken wollten.

Inzwischen waren wir nach Stuttgart-Ost gezogen und dort begann auch meine Schulzeit.
Die ersten Monate empfand ich eher als unangenehm, soweit ich mich noch erinnern kann.
Es fehlte einfach an der deutschen Sprache. Somit war es nicht einfach, neue Freunde zu finden, bis auf die, die auch Türkisch sprechen konnten. Der Unterricht machte mir überhaupt keinen Spaß. Ich verstand die Lehrerin kaum und wusste nie so richtig, was zu tun war. Nicht, weil ich faul war oder keine Lust hatte mitzumachen. Nein, es waren einfach die fehlenden Sprachkenntnisse.

Manchmal wühle ich in meinen alten Sachen herum, wie es halt Leute machen, die langsam auf die vierzig zugehen.
Und manchmal, wenn ich das tue, blättere ich in meinem alten Zeugnis aus der Grundschule. Im Bericht für die erste Klasse steht, dass ich nicht aufmerksam wäre und dem Unterricht nicht richtig folge.

Jedes Mal, wenn ich diese Zeilen lese, werde ich richtig wütend. Wieso kam niemand darauf, dass ich die Lehrerin einfach nicht verstanden habe?

Weder meine Eltern noch die Lehrer haben verstanden, dass ich sehr wohl im Unterricht mitmachen wollte, es mir aber schlicht an der deutschen Sprache fehlte. Es ist wirklich schlimm, nicht zu verstehen und verstanden zu werden! Wie in diesen Alpträumen, in denen man versucht zu schreien, aber es einfach nicht gelingt. Ja, so war es, wie ein Alptraum und allmählich lernte ich ein neues Gefühl kennen: das Gefühl, fremd zu sein.

Mit der Zeit verbesserten sich meine Deutschkenntnisse und damit auch meine Noten in allen Fächern.

Wir hatten eine schöne Zeit in Stuttgart-Ost.

Mein Bruder arbeitete mit meinem Vater in derselben Firma und mein Vater setzte sich in seiner Freizeit ehrenamtlich für die türkische Gemeinde in Stuttgart ein. Er wurde Vorstandsvorsitzender der DITIB in

Baden-Württemberg. Natürlich hatte er nicht mehr viel Zeit für uns, aber das war in Ordnung. Er hat uns immer wieder erklärt, wie wichtig es sei, sich für gemeinnützige Projekte einzusetzen und nicht ein Leben zu führen, das nur einem selbst gewidmet ist.
Wir waren stolz auf unseren Vater, ich sogar so sehr, dass er sich zu meinem Idol entwickelte.

Wie schon erwähnt, verbesserten sich meine Noten und ich durfte in die fünfte Klasse des Gymnasiums gehen. Das merkwürdige Verhalten meiner Schulleiterin konnte ich mir damals nicht erklären. Heute würde ich es als Rassismus bezeichnen, aber damals kannte ich den Ausdruck noch nicht, zumindest nicht in diesem Ausmaß. Meine Schulleiterin redete auf meine Schwester ein, dass ich lieber in der Hauptschule bleiben solle und keine Chance auf dem Gymnasium habe. Sie würde es auch nicht verstehen, wo das Ganze noch hinführen soll, wenn plötzlich alle Türken anfangen würden, aufs

Gymnasium zu gehen. Wer soll dann noch

auf dem Bau oder in den Fabriken arbeiten, hieß es. Heutzutage wäre dies unvorstellbar, zumindest würden sich die wenigsten trauen, so etwas laut auszusprechen. Es war wieder da, das Gefühl, fremd zu sein.

Ihr dürft auf keinen Fall das Gefühl bekommen, dass unser Alltag nur von Rassismus und Diskriminierung geprägt war. Es sind immer wieder sehr unangenehme Dinge passiert, aber es lagen längere Zeitabstände dazwischen. Im Großen und Ganzen war Stuttgart sehr zivilisiert und weltoffen.
Unsere Schulen waren bunt gemischt, genau wie unsere Nachbarschaft. Wir kamen fast mit allen gut klar.
Es gibt diese Menschen, eben diese Menschen, die ein Problem mit anderen haben, und es wird sie immer geben. Man darf auch nicht immer nach Gründen oder Erklärungen suchen; für diese Menschen stellt alles, was sie nicht kennen und nicht ihr Weltbild passt, eine Gefahr dar. Wir haben sehr gute Menschen kennengelernt, Menschen, die sehr offen

für andere Kulturen waren, auch Menschen, die etwas distanziert waren, aber trotzdem das Gespräch suchten und eben die, die nur von Fremdenhass erfüllt waren.
Manchmal denke ich darüber nach, was man hätte besser machen können. Hätte man öfter das Gespräch mit den Nachbarn suchen sollen? Vielleicht hätten wir uns mehr in die Gesellschaft einbringen und mehr Aufklärungsarbeit leisten müssen. Je mehr ich darüber nachdenke, was man hätte besser machen können, desto stärker wird mir etwas bewusst: Die Tatsache, dass meine Eltern kein Deutsch sprachen und die Tatsache, dass sie genauso wie die meisten gar nicht auf so eine Situation vorbereitet waren.
Vor allem aber der alltägliche Kampf, nicht in einer fremden Welt unterzugehen, ließ es gar nicht zu, sich Gedanken über die sozialen Auswirkungen zu machen oder gar etwas dagegen zu unternehmen.

Versetzen wir uns für einen kurzen

Augenblick in die Lage meiner Mutter: Sie lebte im Osten der Türkei und kannte nichts anderes außer das Leben auf dem Land. Das waren damals Dörfer ohne Strom und die technischen Möglichkeiten waren sehr begrenzt. Meine Mutter wäre ja in einer türkischen Großstadt schon überfordert gewesen, geschweige denn in einem anderen Land mit einer fremden Kultur und einer fremden Sprache.
Wie muss das wohl für jemanden sein, der ein Leben ohne Strom führt und plötzlich vor einer Rolltreppe oder einem Aufzug steht?
Ich erinnere mich an all die Menschen, die meine Mutter kritisierten, weil sie kein Deutsch sprach.
Haben diese Menschen je darüber nachgedacht, dass meine Mutter eventuell nicht lesen und schreiben konnte?
Hat sich jemand je bemüht, diesen Menschen zu helfen, statt ihnen Faulheit vorzuwerfen?
Ich denke nicht. Es ist sehr einfach, mit dem Finger auf andere zu zeigen, ohne sich ernsthaft ein Bild von deren Situation

zu machen. Ich sagte ja schon: Empathie ist der Schlüssel.

Also fassen wir alles kurz zusammen: eine Mutter, die noch nie die Schule besucht hatte und ein Vater, der gerade mal so lesen und schreiben konnte.
Diese zwei Menschen brechen auf in eine neue Welt mit einer völlig fremden Kultur und Sprache.
Meine Eltern hatten damals sechs Kinder, die Hälfte ließen sie zurück.
Meine zwei älteren Brüder und eine Schwester blieben in der Türkei, ein Bruder und zwei Schwestern kamen mit nach Deutschland.
Warum sich meine Eltern für diese Aufteilung entschieden haben, können sie sich bis heute nicht erklären.
Wahrscheinlich war es der Gedanke, dass es nur für eine Weile ist und sie bald wieder zurückkehren würden.
Ich selbst gehöre zu der ersten Generation von Deutsch-Türken.
Wobei die Bezeichnung ‚ewiger Ausländer' besser zutreffen würde, wie sich im Laufe meines Lebens noch herausstellen sollte.

Heimatliebe 2.0

Die Schulzeit war eine Phase, in der ich sehr viel Erfahrung sammeln konnte. Erfahrung im Umgang mit anderen und im Umgang mit mir selbst. Wie mein Vater entwickelte auch ich sehr früh Interesse an gemeinnützigen Organisationen. Mit gerade einmal vierzehn Jahren war ich schon in mehreren Kulturvereinen aktiv und entdeckte in dieser Zeit auch mein Interesse an politischen Themen.
Es stand für mich außer Frage, dass jeder seinen Beitrag leisten muss und ich ließ keine Diskussionsrunde aus. In der Schule, im Sportverein und privat suchte ich stets das Gespräch. Den Lehrern passte es manchmal nicht, was ich von mir gab, aber das spielte keine Rolle, denn ich war

überzeugt, dass ich auf der richtigen Seite stand. Im Nachhinein betrachtet stand ich natürlich nicht immer auf der richtigen Seite und verstand als Jugendlicher gewisse Zusammenhänge nicht.
Meinen Alltag empfand ich immer als ziemlich spannend und so war es ja auch. Schließlich waren wir in Stuttgart-Ost und das war gut so.
Stammend aus einer muslimischen Familie war mein Freundeskreis sehr bunt gemischt und politisch war wirklich alles vertreten. Also lernte ich auch sehr früh, diplomatisch vorzugehen und erkannte, dass man mit den richtigen Worten viel weiterkommt als mit Gebrüll. Es war sehr interessant zu beobachten, wie verschiedene Religionen, Nationen und politische Gruppen aufeinandertrafen. Jeder hatte was zu sagen, jeder hatte recht und jeder wollte seine Version durchsetzen. Wir diskutierten darüber, welche die wahre Religion sei, wer die Freimaurer sind und über die Verhältnisse zwischen der Türkei und Griechenland. Die Hälfte meiner Freunde waren Griechen, dementsprechend wurde laut

diskutiert. Wir haben nie den Respekt voreinander verloren, mit den meisten bin ich bis heute sehr gut befreundet und ich bin für die Zeit dankbar. Wir stritten uns manchmal mit den Lehrern, manchmal mit den Nachbarn und manchmal mit völlig Fremden, mit denen man in eine Diskussion geraten war. Ja, das war Stuttgart-Ost, schnelllebig, vielfältig und immer für eine Überraschung gut.
Man stellt sich immer wieder die Frage, ob das, was im Kleinen funktioniert, nicht auf das ganze Land übertragbar ist, vielleicht sogar auf die ganze Welt. Wieso können Menschen im kleineren Kreis besser miteinander auskommen, aber auf größeren Plattformen und Ebenen hat man Schwierigkeiten damit? Mit der Zeit habe ich eine eigene Theorie dazu entwickelt. Ich denke, es liegt daran, dass sich Menschen, die sich im selben Umfeld oder Freundeskreis bewegen, ohne jegliche Vorurteile gegenüberstehen. Man kennt sich und wenn man sich kennt, sind Vorurteile überflüssig.
Wenn Vorurteile überflüssig werden

entsteht Raum für Unterhaltungen, Fragen und niveauvolle Diskussionen. Es entstehen Freundschaften, Schicksalsgemeinschaften und, wer weiß, vielleicht sogar eine starke Gesellschaft. Es entsteht kein Volk im traditionellen Sinn, das durch seine ethnische Beschaffenheit zum Volk wird, sondern durch gemeinsame Werte. Die Welt hat sich verändert, wir sind gezwungen, vieles neu zu definieren. Wir sind enger zusammengerückt, kleiner geworden und können uns nicht mehr aus dem Weg gehen. Es ist eine riesige Gelegenheit für uns, die Welt um uns herum neu zu gestalten. Meine Jugend war voller Erfahrungen, positive wie negative, auch Rassismus, Islamfeindlichkeit, zerbrochene Freundschaften und gesellschaftliche Inakzeptanz habe ich erleben dürfen.
Trotz allem ist eine besondere Heimatliebe entstanden, gegenüber Stuttgart und Deutschland, aber auch die Verbundenheit zur Türkei war sehr stark und nahm ihren Platz in meinen Herzen ein.

Manch einer war der Meinung, dass ich mich entscheiden müsse und dass man nicht dieselbe Verbundenheit für zwei Kulturen empfinden könne.
In vielen TV-Sendungen wird heute noch darüber diskutiert, wie es sein kann, dass sogar die dritte Generation der in Deutschland geborenen Türken der Türkei und deren Kultur so nahesteht. Was diese Menschen nicht verstehen ist, dass das Herz eines Menschen groß genug ist, um zwei Kulturen, ja sogar zwei Welten zu beherbergen. Es ist für mich dasselbe wie mit meinen Kindern, ich habe fünf wunderbare Kinder, die ich über alles liebe. Kein Mensch würde auf die Idee kommen, mich vor die Entscheidung zu stellen, welches meiner Kinder ich am meisten liebe. Sie sind alle unterschiedlich und haben andere Eigenschaften, trotzdem ist meine Liebe zu ihnen allen gleich.
Dasselbe empfinde ich für Deutschland und die Türkei, ist das wirklich so schwer zu verstehen?

Eine Gesellschaft, aber auch der Mensch selbst, befindet sich in einer ständigen Entwicklungsphase, wir entwickeln uns abhängig von wirtschaftlichen, politischen und geografischen Ereignissen. Es muss allen endlich klarwerden, dass auch wir uns weiterentwickelt haben.
Eine neue Generation ist entstanden, die sich der deutschen Gesellschaft und dem Grundgesetz verbunden fühlt, ohne die eigene Identität zu verlieren. Es ist eine Bereicherung für Europa, wenn seiner Jugend der Spagat zwischen Westen und Osten, zwischen Abend - und Morgenland gelungen ist, ohne in eine Identitätskrise zu verfallen. Man wirft uns ja öfter vor, nicht zu wissen, wo wir hingehören, dass wir hin- und hergerissen wären zwischen der westlichen und der östlichen Kultur. Ich denke da ganz anders. Wenn ich mich in meinem Freundeskreis umsehe, sehe ich selbstbewusste junge Menschen, die genau wissen, wo sie hingehören und keineswegs unter einer Identitätskrise leiden.
Wir sind Deutsche, aber auch Türken, wir stehen treu zum Grundgesetz, aber auch

treu zu unserer Kultur und religiösen Pflichten. Wir sind stolz, wenn die deutsche Nationalmannschaft Weltmeister wird, fiebern aber auch mit unseren Jungs mit dem Halbmond und Stern. Ob man das als Deutscher oder Europäer nachempfinden kann? Das weiß ich nicht. Ich denke, das fällt jedem schwer, der nicht in derselben Situation steckt. Ein US-Amerikaner könnte das ohne Probleme nachvollziehen. Ich kenne viele, die hier geboren sind und sich Deutschland sehr verbunden fühlen, aber gleichzeitig auch stolze Amerikaner sind. Wieso wirft man den Amerikanern eigentlich nie vor, unter einer Identitätskrise zu leiden? Wieso müssen die sich nie endgültig für eine Seite entscheiden?
Ist dies etwa ein auf Deutsch-Türken zugeschnittenes Problem oder steckt sogar ein böser Wille dahinter? Könnte es sein, dass man dies deshalb nicht akzeptiert, um die letzte Angriffsfläche nicht zu verlieren?
Ich weiß es nicht, aber mir fällt es schwer zu verstehen, warum man eine so positive

Entwicklung als Problem darstellt und immer wieder als politischen Zündstoff verwendet.

"Nicht da ist man daheim, wo man seinen Wohnsitz hat, sondern wo man verstanden wird." (Christian Morgenstern)

Ja, so sagt es der deutsche Dichter und spricht mir damit aus der Seele.
Leider habe ich immer und immer wieder erlebt, dass Menschen einfach nicht verstehen wollen, dass wir schon lange keine Ausländer mehr, sondern ein wichtiger Teil dieser Gesellschaft sind.
Was viele auch nicht verstanden haben, ist der Unterschied zwischen Integration und Assimilation. Es wurde jahrelang über Integration diskutiert; mal im Fernsehen, mal in der Politik oder in der Schule. Diskussionen sind notwendig und müssen geführt werden, aber wenn man eine Diskussion schon mit falschen Ansätzen beginnt, kann man kein richtiges Ergebnis erwarten.
Sollen wir aufhören zu diskutieren? Nein, natürlich nicht. Nur wenn wir die

Probleme beim Namen nennen, können wir auch dauerhafte Lösungen finden.

Es geht darum, die richtigen Diskussionen mit den richtigen Teilnehmern zu führen und vor allem mit dem Willen, eine gerechte Lösung zu finden. Wir müssen endlich verstehen, dass wir alle im selben Boot sitzen und wir nur dann unser Ziel erreichen, wenn wir gemeinsam in dieselbe Richtung rudern.
Es geht nicht darum, zu jedem Thema dieselbe Meinung zu haben oder flächendeckend nur in eine Richtung zu denken.
Vielmehr geht es darum, eine Plattform zu schaffen, auf der jeder seine eigene Meinung vertreten kann, ohne die Freiheiten anderer einzuschränken. Eine freie Meinung zu haben, ohne sie anderen aufzuzwingen, in Würde und Anstand miteinander zu leben.
Wenn man mir heute die Verantwortung übertragen würde, dieses Problem zu lösen, würde ich eine Liste mit Aufgaben

erstellen. Diese Liste würde ich in zwei Bereiche aufteilen:
Was kann ich als Einzelner tun und was können wir als Gesellschaft unternehmen?
Wichtig und richtig wäre es, z.B. Begriffe wie Volk, Werte und Heimat neu zu definieren, sie anzupassen auf die aktuellen Bedürfnisse und die heutige Situation. Wann wird man zum Volk? Wann darf man einen Ort sein Zuhause nennen und welche Werte sind uns wichtig?
Was verbindet und was spaltet uns? Das sind die Fragen, mit denen wir uns auseinandersetzen und eine dauerhafte Lösung finden müssen.

Fangen wir mit der ersten Frage an: Wann wird man zum Volk?
Für die meisten ist die Antwort klar, wenn man als Deutscher geboren wird, ist man auch ein Deutscher und gehört zum deutschen Volk.
Diese Antwort stimmt zum Teil. Man wird als Deutscher, Türke oder Italiener geboren und gehört ein Leben lang dieser

Volksgruppe an. Es spielt auch keine Rolle, wo man lebt oder wie lange man seine Heimat nicht besucht hat. Es ist eine ethnische Angelegenheit, aber es gibt noch eine zweite Art der Zugehörigkeit.
Es ist die gesellschaftliche Zugehörigkeit, die Verbundenheit durch gemeinsame Werte, durch das Grundgesetz und eine Staatsflagge, die - unabhängig von Ethnien und Glauben -
allen Menschen gleichermaßen das Gefühl von Zuhause vermittelt.
Der zweite wichtige Punkt sind unsere Werte. Was sind diese und wie können wir sie bewahren, ohne die Freiheit von Einzelnen zu gefährden? Nichts war in diesem Zusammenhang öfter in den Medien zu hören oder zu lesen als „unsere Werte".
So viele Diskussionen, Auftritte bei politischen Veranstaltungen und Fernsehsendungen, um „unsere Werte" zu schützen.
Aber nicht einer, der überzeugend erklären konnte, was diese eigentlich sind. Werte sind das Fundament, auf denen

Gesellschaften aufbauen. Manchmal sind sie der Zement, der alles zusammenhält, und manchmal die Mauer, hinter der man Schutz sucht. Die Werte einer Gesellschaft sollten wie ein Kompass funktionieren und den Menschen die Richtung anzeigen, in die es gehen soll. Wie eine Fackel, der man folgt, um in dunklen Zeiten das Ziel zu erreichen.
Wenn aber diese Werte verschwinden oder nicht deutlich definiert werden, wird man auch hier den Pfad aus den Augen verlieren und man fängt an, herumzuirren. Es gibt zwei Arten von Werten, die, die in Wort und Schrift gefasst sind wie z.B. unser Grundgesetz, und es gibt die Werte, nach denen wir uns im alltäglichen Leben richten, die aber gesetzlich nicht bindend sind. Dass die Würde eines Menschen unantastbar ist, ist Gesetz. Wenn wir einer älteren Person in der U- Bahn Platz machen, ist das selbstverständlich und gehört zu unseren Wertvorstellungen, hat aber keine gesetzliche Grundlage.

Wir brauchen beides, das geschriebene und das ungeschriebene Gesetz. Die Kombination aus Gesetz und Gewissen, aus Moral und

Verstand.
Das Grundgesetz ist die Basis unserer Demokratie und die DNA unserer Gesellschaft. Wir müssen das Rad nicht neu erfinden,
es genügt, wenn wir das vorhandene richtig verstehen und umsetzen.
Vielen Menschen ist nicht klar, dass unser Grundgesetz das wertvollste Gut ist, das wir besitzen, und wir wirklich dankbar und stolz darauf sein können. Es ist immer wieder verwunderlich, dass gerade rechtsextreme Gruppen das Grundgesetz und unsere Werte als Rechtfertigung nutzen, um ihrem Hass freien Lauf zu lassen. Es ist Heuchelei auf höchstem Niveau, wenn Menschen, die lieber sonntags ausschlafen, statt hin und wieder mal eine Kirche zu besuchen, plötzlich für die abendländische Kultur demonstrieren. Menschen, die sich darüber beschweren, dass die Kirchen sonntags leerstehen, während freitags die Moscheen überfüllt sind.
Da fragt man sich doch, was diese Leute davon abhält, in die Kirche zu gehen und

die abendländische Kultur zu leben? Warum lesen diese Leute ihren Kindern nichts aus der Bibel vor oder lehren sie christliche Werte wie Nächstenliebe?
Das ist so typisch und dermaßen feige, sein eigenes Verschulden anderen in die Schuhe zu schieben.
Niemand muss an Gott glauben oder in die Kirche gehen. Sich aber dann darüber zu beschweren, dass die abendländische Kultur ausstirbt, ist einfach nur heuchlerisch.
Genau dasselbe erleben wir bei Themen wie "Freiheit und Demokratie".
Es gibt Menschen, die wirklich glauben, die Demokratie verteidigen zu müssen, indem sie alle demokratischen Rechte anderer unterbinden.

Die Freiheit bewahren, indem man die Freiheiten anderer begrenzt, sich für Frauenrechte einsetzen, indem man selbstbewussten, jungen Frauen gegen ihren Willen die Kopftücher runterreißt. Es ist nicht richtig, nicht schön und vor allem nicht gerecht, was hier Tag für Tag passiert. Trotz allem sind wir hier zu Hause und werden auch diese Situation gemeinsam meistern.

Mit dem Alter kommt die Reife

Wir sind wieder in Stuttgart-Ost und es ist wirklich schön, mit euch gemeinsam in vergangene Zeiten abzutauchen. Es sind tolle Erinnerungen, mit tollen Menschen und schönen Erlebnissen.
Wir hatten einen sehr großen Freundeskreis, bunt gemischt und weltoffen. Türken, Griechen, Italiener, Deutsche, wir hatten wirklich alles da. Es gab eine Sache, die damals für uns ganz normal war, aber rückblickend betrachtet waren wir unserer Zeit weit voraus. Wir konnten diskutieren, streiten und völlig unterschiedlicher Meinungen sein, ohne dass unsere Freundschaft darunter litt. Auch wenn wir uns heute bei einem griechischen Freund zu Hause treffen, stört

es niemanden, wenn ich mein Gebet verrichte oder Tee statt Wein trinke. Wieso funktioniert das bei uns, aber nicht beim Rest der Gesellschaft? Ich glaube nicht, dass es Probleme sind, die nicht zu lösen wären, sondern dass es der fehlende Wille ist, der es zum eigentlichen Problem macht.

Wie gesagt, wir sind in Stuttgart-Ost und wir haben das Jahr 1998, es ist eine interessante Zeit. Das Internet war im Kommen, Handys waren zwar noch Mangelware, aber hin und wieder traf man jemanden, der sich eines leisten konnte. Als Schüler mussten wir uns noch mit Piepern und Telefonkarten zufriedengeben, aber das war okay, denn die Menschen waren damals zuverlässiger als heute.
Natürlich haben auch wir damals viel Mist gebaut. Dinge, die man in diesem Alter halt so macht.
Wir hatten ein sehr aktives Nachtleben und als religiös hätte man uns nicht wirklich bezeichnen können. Der Glaube war zwar immer da und bei einigen von

uns sehr stark ausgeprägt, aber die Umsetzung im Alltag war eher schwach. Unsere nicht muslimischen Freunde hatten diesen inneren Konflikt erst gar nicht und mussten nicht nach einer wilden Nacht tagelang mit dem Gewissen ringen. Witzig fand ich es immer, wenn nach dem ersten Promille plötzlich über tiefgründige Themen diskutiert wurde. Sei es die schlechte Politik, die großen Verschwörungstheorien oder ein Leben nach dem Tod. Wir hatten immer was zu diskutieren und mit jeder leeren Flasche wurden auch die Unterhaltungen etwas lauter. Das war schon komisch: Während andere tanzten und lachten, standen wir darauf, über politische und religiöse Themen zu streiten.

Vielleicht muss ich deshalb immer widersprechen, wenn jemand behauptet, die Jugend sei politisch uninteressiert. Es ist nicht die Jugend, die politisch uninteressiert ist, sondern die Politik, die kein Interesse an der Jugend zeigt.

Man darf den jungen Menschen im Land nicht das Gefühl geben, gegen die Wand zu reden. Wenn genügend Zuhörer da

sind, wird es immer Menschen geben, die etwas zu erzählen haben. Was macht das mit jemandem oder vielleicht sogar mit einer ganzen Gesellschaft, wenn niemand zuhört und alles, was man zu sagen hätte, sich in einem anstaut?
Welches Ventil nutzt man dann, um das Angestaute wieder loszuwerden?
Sucht man vielleicht genau deshalb irgendwann Halt in extremistischen Gruppen, weil niemand anderes zuhört?

Wir hatten das Jahr 2000 und gegen all unsere Erwartungen hatten die Maschinen keinen Aufstand begonnen. Die Menschheit hatte die Jahrtausendwende gut überstanden und wir widmeten uns wieder dem Alltag. Ich hatte mittlerweile eine Lehrstelle als Bürokaufmann in einen Lohnsteuerhilfeverein. Mein Chef war türkischer Abstammung, er hatte in der Türkei studiert und kam irgendwann in den 70ern nach Deutschland. Er war einer der klügsten Köpfe, die ich bis dahin kennengelernt hatte. Wir haben uns sehr gut verstanden und er hatte einen sehr großen Kundenstamm. Für mich war das Ganze sehr interessant, denn ich durfte mich schon sehr früh um die Kunden und deren Anliegen kümmern.

Somit hatte ich die Gelegenheit, mit sehr unterschiedlichen Menschen zu arbeiten und bekam teilweise filmreife Geschichten zu hören.
Es war bemerkenswert, wie Menschen nur mit einem Koffer und ohne sprachliche Kenntnisse hierherkamen, um sich ein neues Leben aufzubauen.
Manche von ihnen arbeiteten im Schichtdienst, manche auf dem Bau oder im Großmarkt, aber es gab auch sehr viele Selbstständige. Ehrlich gesagt war ich sogar sehr überrascht, wie viele den Weg in die Selbstständigkeit gefunden hatten. Die Kundschaft bestand zum größten Teil aus Türken und wir hatten immer wieder mal die Situation, dass Eltern voller Stolz erzählten, dass ihre Kinder studierten.
Wie schon gesagt, mit dem Alter kommt die Reife, ich begriff langsam, dass auch

die erste Generation genau wusste, wo sie
hingehört, nämlich hierher nach Almanya (Deutschland).
Es war keine Seltenheit mehr, dass junge Menschen mit Migrationshintergrund studierten,
auch in meinen Freundeskreis gab es immer mehr, die sich für ein Studium entschieden statt für die Arbeit am Band. Es ging in die verschiedensten Richtungen: Jura, Maschinenbau, Medizin und BWL. Wir hatten nicht selten den Fall, dass unter den erfolgreichen Schülern auch welche dabei waren, die fast in der Sonderschule gelandet wären. Der Grund war fast immer derselbe: schlechte Noten in Deutsch und Mathematik. Keiner der Beteiligten erkannte damals, dass die schlechten Mathenoten meistens mit den schlechten Deutschkenntnissen zusammenhingen. Wer schlecht Deutsch sprach, hatte natürlich auch Schwierigkeiten, die Textaufgaben in Mathe richtig zu verstehen und zu lösen. Genau so war es auch bei mir, mit besseren Deutschkenntnissen kamen auch

die besseren Noten. Unglaublich, wie
lange es dauerte, bis man diese

Zusammenhänge verstand. Der Politik waren wir sowieso egal, die Lehrer waren mit der Situation oft überfordert oder nicht entsprechend motiviert, etwas daran zu ändern.
Unseren Eltern hat das notwendige Wissen über das Schulsystem gefehlt, um eingreifen zu können bzw. uns im Lernprozess zu unterstützen. Kurz gesagt, wir waren auf uns gestellt.

Eine Sache muss ich an dieser Stelle betonen. Trotz all dieser Probleme war es dennoch möglich, durch viel Fleiß und Ehrgeiz zu studieren und damit einen anderen Weg einzuschlagen als die erste Generation. Das war für mich der ultimative Beweis, dass unser Grundgesetz Chancengleichheit garantiert. Natürlich hatten wir es nicht leicht, aber die Probleme, mit denen wir zu kämpfen hatten, waren nicht systematisch gewollt, sondern das Resultat von fehlerhaftem Umgang mit der Situation.
Ich konnte damals wie heute keine böse Absicht dahinter erkennen und bin mir

sicher, dass unser Land trotz aller Hindernisse ein tolles Land ist, mit tollen Möglichkeiten. Es fehlte uns damals nicht an einer gesetzlichen Grundlage - und das tut es auch heute nicht - es fehlte uns einfach an der Umsetzung des Vorhandenen.
Das Grundgesetz bietet uns alle Möglichkeiten, um eine multikulturelle Gesellschaft aufzubauen, die zukunftsorientiert, weltoffen und selbstbewusst ist.

Der Kalender zeigte den 11. September 2001. Wir waren mit ein paar Freunden bei mir zu Hause und bereiteten etwas zu essen vor. Während wir mit der Vorbereitung beschäftigt waren, liefen plötzlich diese unglaublichen Bilder im Fernsehen. Das war ein Schock für alle! Ein Terroranschlag, den die Welt so nicht kannte, ein Drama, eine neue Zeitrechnung. Dieser Anschlag änderte alles, er war blutig und brutal. Mindestens so verheerend wie die Tat selbst, waren auch die Auswirkungen. Die Auswirkungen auf unseren Alltag, unsere Politik und die

Stimmung in der Bevölkerung. Angst ist

etwas sehr Unangenehmes und kann zu etwas Grauenvollem werden, wenn sie gegen die eigene Bevölkerung eingesetzt wird. Man hat eine grauenvolle Tat genommen und sie als Rechtfertigung für andere schreckliche Taten genutzt. Als wäre es nicht schlimm genug gewesen, dass irgendwelche Radikalen im Namen meiner wunderschönen Religion Anschläge verübten, erwarteten manche Menschen von mir,
dass ich mich von dieser schrecklichen Tat auch noch distanziere. Wieso eigentlich? Wieso muss ich mich von etwas distanzieren, dem ich nie nahestand? Aus welchem Grund soll ich mich für etwas rechtfertigen, das ich aus Überzeugung ablehne und aus vollstem Herzen verabscheue? Es sind unschuldige Menschen gestorben und weitere unschuldige wurden bei den Vergeltungsschlägen der USA getötet. Kann ein Mensch, der einen Hauch von Gewissen besitzt, mit so einer Situation einverstanden sein? Es gibt viele Ursachen für Kriege und bei der Rechtfertigung sind der Kreativität keine Grenzen gesetzt. Für

den Tod von Unschuldigen darf es aber keine Rechtfertigung geben. Wir dürfen nicht hinnehmen, dass Menschen, die niemandem etwas angetan haben, sterben, nur weil irgendjemand irgendwo es so entschieden hat.

Aber zurück nach Deutschland. Wie gesagt gab es Menschen, die mich ernsthaft danach fragten, was ich von diesen Anschlägen hielt.
Das Ganze war wie ein schlechter Scherz, denn was sollte ich schon davon halten? Es hatte mich schockiert, dass es Menschen gab, die davon ausgingen, ich könnte diese abscheuliche Tat gutheißen. Ehrlich gesagt wurde ich nach einiger Zeit sogar etwas wütend, wenn mich jemand darauf ansprach. Ich war doch nicht der Pressesprecher für Al-Kaida und Al-Kaida nicht der Repräsentant meiner Religion. Es waren komische Zeiten. Teilweise wurden Unterhaltungen sehr unangenehm und ergaben wenig Sinn. Der 11. September änderte alles. Plötzlich wurde mein Glaube in Verbindung mit Terroristen gebracht und Muslime standen immer

mehr unter Generalverdacht. In dieser Zeit ist mir aufgefallen, dass Menschen mit muslimischen Freunden und Bekannten sich weniger von den Ereignissen haben beeinflussen lassen als die,
die ohnehin keinen Kontakt zu Muslimen hatten. Daraus schließe ich wiederum, dass der Kontakt und der regelmäßige Austausch zwischen Menschen Vorurteilen vorbeugen kann.
Also war für mich sehr schnell klar, was zu tun ist: Ich musste mit so vielen Menschen reden wie nur möglich. Wir waren verpflichtet, Aufklärungsarbeit zu leisten, nicht nur bei unseren deutschen Nachbarn und Freunden, sondern auch bei muslimischen Jugendlichen.
Es gab kleine Gruppen in Stuttgart, die eine sehr radikale Einstellung hatten und zumindest gedanklich Al-Kaida oder anderen Terrororganisationen sehr nahestanden. Diese Gruppen beherrschten ihr Handwerk sehr gut und wussten ganz genau, wo sie ansetzen mussten. Es gab eine ganze Generation an Jugendlichen, die sich in den letzten

Jahren diskriminiert

und alleine gelassen fühlten. Junge Muslime, die die Nase voll hatten, sich ständig rechtfertigen zu müssen und unter Generalverdacht zu stehen. Also war es für extremistische Gruppen ein leichtes Spiel,
das Interesse und die Neugier der Jugendlichen zu wecken. Auch wenn heute die DITIB im Visier der Medien und der Politik steht, war es genau diese Art von Verbänden, die damals Schlimmeres verhindert haben.
Sie haben die Jugendlichen, aber auch die Eltern ausdrücklich vor diesen extremistischen Gruppen gewarnt und Aufklärungsarbeit geleistet. Auch heute stehen vor allem Moscheeverbände, Kulturvereine und die Eltern in der Verantwortung, ihren Kindern den Islam richtig zu lehren. Wir müssen gemeinsam gegen alle Arten von Extremismus vorgehen und allen die Stirn bieten, die unseren Rechtsstaat in Gefahr bringen. Das ist unser Land und wie werden im Rahmen der Gesetze dafür kämpfen, wir werden zusammenhalten und unser Grundgesetz an allen Fronten verteidigen.

Je älter ich werde, umso mehr schätze ich, was wir haben, und freue mich auf das, was wir noch zusammen aufbauen werden.

Morgen beginnt schon heute

Wir vergessen manchmal, dass die Zukunft bereits heute geschmiedet wird und nicht erst morgen.

Alles, was wir tun oder nicht tun, alle Entscheidungen, die wir treffen, gestalten und formen unsere gemeinsame Zukunft. Die Summe unserer Entscheidungen ergibt die Welt, in der unsere Kinder leben werden. Natürlich ist es einfacher für uns, diese Gedanken zu ignorieren und uns nur auf das Hier und Jetzt zu konzentrieren.

Richtig wäre es aber, uns unserer Verantwortung bewusst zu sein und zu erkennen, dass wir nicht einfach unsere Köpfe in den Sand stecken können. Was wären wir für Eltern, wenn wir nicht wenigstens versuchen würden, unsere Welt ein wenig friedlicher, freundlicher und lebenswerter zu gestalten? Dass wir uns tagtäglich über die Zukunft unserer Kinder Gedanken machen, ist selbstverständlich, aber es gibt leider auch sehr wichtige Bereiche, die in diesem Gedankenstrudel untergehen.

Die Schulbildung ist sehr wichtig, aber genauso auch die Bildung im Umgang mit Menschen.

Eine gute Ausbildung ist das Fundament für eine stabile berufliche Entwicklung, aber genauso stellen moralische Grundwerte das Fundament für eine menschliche und soziale Entwicklung.

Unsere Gesellschaft braucht beides, parallel zueinander und nicht als Alternative gegeneinander. Wir sollten uns nicht entscheiden müssen zwischen Materiellem und Menschlichem, zwischen

schulischer oder sozialer Bildung. Wir müssen einen Weg finden, alles im Gleichgewicht und Einklang miteinander zu verbinden.
Wie lehrt man seinen Kindern den Umgang mit anderen Menschen oder den gegenseitigen Respekt?
Wie erkläre ich meinen Kindern Würde, Freiheit oder Menschlichkeit?
Als fünffacher Vater entwickelt man mit der Zeit seine eigene Methode, aber ich muss gestehen, dass die perfekte Formel nicht existiert. Wie alle Menschen, haben auch Kinder unterschiedliche Charaktere und eine eigene Art, Dinge zu lernen oder zu verstehen.
Es ist von unschätzbarem Wert und dringend notwendig, Kindern frühzeitig beizubringen, wie wichtig der respektvolle Umgang mit Menschen ist.
Wir müssen jetzt die Weichen für eine bessere Gesellschaft stellen und an Lösungen für die Probleme von morgen arbeiten. Es ist nicht immer nachvollziehbar, wenn sich Eltern bemühen, durch eine akademische Bildung und Vermögenswerte die Zukunft

ihrer Kinder abzusichern, dabei aber gesellschaftliche Probleme dem Zufall überlassen. Probleme, die im schlimmsten Fall ein friedliches Zusammenleben und eine stabile Demokratie unmöglich machen. Jede Phase der Menschheit hatte mit Problemen zu kämpfen: Kriege, Hungersnöte, Pandemien, und in manchen Fällen ging es sogar um das kulturelle Überleben. Was es auch war, die Menschheit musste sich damit auseinandersetzen; es gab Gewinner und es gab Verlierer. Was wir aber definitiv aus der Geschichte lernen können, ist, dass ernsthafte Probleme nicht ignoriert und auch nicht klein geredet werden dürfen.
Vergleichbar mit einer kleinen Wunde am Körper, die nicht rechtzeitig behandelt wird, können auch gesellschaftliche Probleme sich mit der Zeit zu einer unheilbaren Krankheit entwickeln.
Genau aus diesen Gründen sollten wir keine Zeit vergeuden, um unsere Angelegenheiten zu klären. Hier und jetzt müssen wir uns für eine bessere Welt entscheiden und mit allem, was wir haben,

hinter unseren Entscheidungen stehen.

Wenn ich mich zurückerinnere, gab es immer wieder Streitigkeiten in unserem Freundeskreis, die man hätte verhindern können, wenn man sich nur frühzeitig ausgesprochen hätte. Manchmal staut sich einiges über die Zeit auf und wenn man keine Möglichkeit findet, diese Last loszuwerden, besteht die Gefahr, von ihr erdrückt zu werden.
Dasselbe gilt natürlich auch für gesellschaftliche Streitigkeiten, die wir besser heute als morgen klären sollten. Erst wenn wir alle verstanden und akzeptiert haben, dass wir trotz unserer Unterschiede eine Gemeinschaft sind, die das Schicksal zusammengefügt hat, können wir Schulter an Schulter für ein besseres Morgen arbeiten.
Wie dieses Zusammenarbeiten und Zusammenwirken konkret aussehen könnte, hängt sehr stark davon ab, was der Einzelne bereit ist beizutragen.
Jeder von uns besitzt unterschiedliche Fähigkeiten und hat Einfluss in unterschiedlichen Kreisen. Wenn mich heute jemand fragen würde: „Wo soll ich

anfangen?", würde ich antworten: „Bei dir selbst."
Wir sollten uns selbstkritisch unter die Lupe nehmen, uns kurz darüber Gedanken machen, ob nicht auch wir im Alltag den einen oder anderen Fehler begehen, ob nicht auch wir an unserem Umgang mit unseren Mitmenschen arbeiten müssen. Jede Selbstkritik und Veränderung an uns selbst ist schon eine Veränderung in der Gesellschaft.
Die Agenda steht eigentlich schon fest:

Sich selbst verändern, die Familie verändern, die Gesellschaft verändern.

Auch wenn es sich so einfach schreiben lässt, weiß jeder von uns, dass auch manchmal die kleinste Veränderung im Leben zu einer großen Herausforderung werden kann.
Es gibt nichts Schwierigeres, als alte Gewohnheiten zu ändern, und mit dem Alter wird es nicht wirklich einfacher. Trotzdem sind wir verpflichtet, nicht nur darüber zu reden, sondern es den Menschen vorzuleben, denen, die noch

ihre Bedenken haben zu zeigen, dass auch die kleinste positive Entwicklung von unschätzbarem Wert ist.

An dieser Stelle möchte ich gerne ein Erlebnis mit euch teilen, dass sich vor einigen Jahren abgespielt hat.
Wir hatten einen Nachbarn, der einen Stockwerk unter uns lebte. Seinen Namen möchte ich nicht erwähnen, weil er mittlerweile verstorben ist.
Dieser Nachbar war alleinerziehend und hatte eine Tochter, damals schätzungsweise sechs bis sieben Jahre alt.
Leider war ihre Mutter sehr früh verstorben und hatte angeblich ein Drogen- und Alkoholproblem. Wir verstanden uns super mit ihm und das über Jahre hinweg.
Eines Tages bekamen wir mit, dass das Jugendamt es für angemessen hielt, die Tochter in eine staatliche Einrichtung zu übergeben. Natürlich war auch ich sehr betroffen von der Situation. Ich wusste, dass der Nachbar ab und zu trank, gleichzeitig wurde ich aber auch Zeuge

Davon, wie gut er sich um seine Tochter kümmerte.

Nach dieser Aktion veränderte sich das Verhalten unseres Nachbarn schlagartig: Er trank öfter und wurde zunehmend aggressiv. Ehrlich gesagt konnte ich das ein wenig nachvollziehen. Wahrscheinlich hat man ihm mit der Tochter das einzig Wichtige in seinem Leben genommen. Aber es geschah noch etwas anderes in dieser Zeit.

Er fing an, sich ausländerfeindlich zu äußern. Diese Seite an ihm kannten wir bis dahin gar nicht und ich versuchte, dies mit seiner Situation zu rechtfertigen. Wir waren alle verwundert darüber, wie jemand, den wir seit Jahren kannten und mit dem wir recht gut auskamen, plötzlich den Drang verspüren konnte, sich rassistisch zu äußern.

Es ging ein langer Arbeitstag zu Ende und ich freute mich schon auf ein kleines Nickerchen auf dem Sofa, als ich in unsere Wohnung kam und meine Frau schockiert vor mir stand. Sie erzählte mir, dass sie heute mit ein paar Freundinnen im Hof gesessen hatte, um ein währenddessen bisschen zu plaudern. Plötzlich hätte der Nachbar vor ihnen gestanden und habe angefangen, alle zu beleidigen. Sie sollten sich doch in ein Scharia-Land verpissen mit ihren Kopftüchern oder den Müll endlich ausziehen. Falls sie nicht wissen, wie man sich auszieht, zeige er es ihnen, und zog sich vor meiner Frau und ihren Freundinnen aus.

Ihr könnt euch sicherlich vorstellen, was das für ein Schock für mich war.
Gerade als ich mich auf den Weg machen wollte, um ihn zu Rede zu stellen, hörten wir laute Schreie von draußen.
Wir schauten aus dem Fenster und sahen, wie unser Nachbar einem kleinen Mädchen hinterherrannte und dabei etwas brüllte. Das kleine Mädchen war die Tochter eines türkischen Nachbarn, der gegenüber wohnte.
Als ich sah, wie sie vor ihm flüchtete, rief ich ihm vom Fenster aus zu, er solle sie auf der Stelle in Ruhe lassen und lief anschließend hinunter in den Hof, um einzugreifen. Währenddessen verschwand

er schon in seiner Wohnung und ich bemerkte im Hof, dass etwas auf dem Boden brannte. Mittlerweile waren auch einige andere Nachbarn draußen und versuchten zu verstehen, was da gerade passiert war. Angeblich hatte er auch das kleine Mädchen von gegenüber rassistisch beleidigt und war ihr mit Geschrei hinterhergelaufen. Wir alarmierten die Polizei, die auch innerhalb weniger Minuten eintraf. Zwischenzeitlich löschten wir das kleine Feuer im Hof und beruhigten die Tochter unseres Nachbarn.

Den eingetroffenen Beamten erklärten wir die Situation und beobachteten, wie einer von ihnen sich dann zu der Feuerstelle begab. Als wäre die ganze Sache nicht schlimm genug, bemerkte der Beamte, dass das, was da gebrannt hat, ein Buch war, genauer: ein Koran.

„Dort, wo man Bücher verbrennt, verbrennt man am Ende auch Menschen." (Heinrich Heine)

An dieses Zitat muss ich immer denken, wenn ich mich an diesen Tag zurückerinnere. Die Polizisten schauten ganz überrascht, als plötzlich der Nachbar seinem Kopf aus dem Fenster steckte. Er lud die Beamten zu sich nach Hause ein, da man „unter Deutschen die Situation besser klären" könne als „inmitten einer Horde Terroristen."
Die Beamten waren noch sehr jung, aber dafür umso motivierter und wirklich kompetent. Sie wussten genau mit der Situation umzugehen.
Während der eine ihn zurechtwies und ihm klarmachte,
dass in Deutschland Religionsfreiheit herrscht, beruhigte der andere die Leute und nahm ihre Aussagen auf. Leider konnten die Beamten nicht viel tun, da er unter starkem Alkoholeinfluss stand und niemanden ernsthaft verletzt hatte. Sie baten uns, sofort wieder anzurufen, falls er sich wieder aggressiv verhalten sollte. Wir sprachen nie wieder mit ihm und auch die anderen Nachbarn wendeten sich komplett von ihm ab. Immer wieder gab es Zoff, bis uns eines Tages die Nachricht

erreichte, dass er nach einem Sturz in der Badewanne verstorben war.
Es war wirklich ein komisches Gefühl, denn auch wenn man ständig Ärger mit ihm hatte, war er letztendlich ein Nachbar, den man seit Jahren kannte.
Nach seinem Tod trafen wir die Tochter im Treppenhaus, die mittlerweile zu einer jungen Frau herangewachsen war. Wir sprachen ihr unser Beileid aus und fragten, ob sie etwas bräuchte, schließlich waren wir jahrelang Nachbarn.

Man stellt sich in so einer Situation die Frage: Hätte es auch anders laufen können, wenn man rechtzeitig richtig gehandelt hätte?
Ehrlicherweise denke ich, dass es Menschen gibt, die man nicht mehr ändern kann oder zumindest sehr schwer. Aber ich denke auch, dass es viele unangenehme Situationen gibt, denen man mit rechtzeitigem Handeln und richtiger Aufklärung entgegenwirken bzw. sie ganz aus der Welt schaffen könnte.
Wie gesagt: "Morgen beginnt schon heute", also lasst uns heute das Notwendige tun,

um morgen nicht in der Not
unterzugehen.

Gemeinsam einsam

Es gibt ein Thema, das wir nicht
unbeachtet lassen können, wenn wir über
aktuelle Probleme unserer Gesellschaft
sprechen: die zunehmende Vereinsamung
der Menschen. Vielleicht werden sich
einige von euch fragen, was die
Vereinsamung mit Extremismus,
Spaltung und Feindseligkeit zu tun hat. Die
Annahme, dass die Gesellschaft nur ein
Spiegelbild dessen ist, was jeder einzelne
von uns glaubt,

denkt und fühlt, ist sehr naheliegend. Ist der Mensch gesund, ist die Gesellschaft gesund. Genau aus diesem Grund wäre es verheerend, die Menschheit nur als Kollektiv zu betrachten und nicht als einzelne Individuen.

In meiner Nachbarschaft existieren unzählige Haushalte mit alleinlebenden Menschen - und mit allein meine ich wirklich allein. Was macht die Einsamkeit mit einem Menschen? Der Gedanke, dass weder heute noch morgen jemand an meiner Tür klopfen wird?
Der Gedanke, dass das Telefon niemals klingelt und im Briefkasten außer Werbung nichts zu finden ist? Der Mensch ist darauf ausgelegt zu teilen, seine Sorgen, seine Freude, seinen Erfolg und seine Erfahrungen. Das ist doch genau der Grund, wieso soziale Netzwerke so einen großen Erfolg haben. Wir möchten andere an unserem Leben teilhaben lassen.
Aber einen wirklichen Ersatz für Freunde und Familie können digitale Plattformen niemals bieten. Wir spüren, dass uns etwas fehlt, vielleicht sogar, dass uns

jemand Bestimmtes fehlt. Es ist genau diese Leere, die uns mit der Zeit depressiv macht und unsere Herzen bis zum Gefrierpunkt abkühlen lässt.
Wenn die Herzen der Menschen kalt sind, wird auch ihr Verhalten kalt; ihre Politik, ihre Bildung und letztendlich ihre Gesellschaft.
Kalte Herzen sind empfänglicher für Hass und Hetze; kalte Herzen können keine Empathie oder Mitgefühl entwickeln; kalte Herzen sind tote Herzen.
Wenn wir die Problematik der heutigen Zeit erkennen und dauerhaft lösen wollen, wenn wir es in Zukunft besser machen und neue Wege einschlagen möchten, dann dürfen wir keine Ursache unbeachtet lassen.
Es gibt viele Ursachen, viele Gründe und Möglichkeiten für die Entstehung von Hass und Vorurteilen. Dass die Vereinsamung der Menschen nicht nur traurige Realität ist,
sondern auch zum Pulverfass werden kann, sollte uns noch stärker dazu bewegen, dagegen vorzugehen.

Es gab eine Zeit, in der ich einen Feinkostladen betrieben habe. In dieser Zeit wurde ich Zeuge dieser Vereinsamung und war entsetzt darüber, wie viele Menschen auf sich allein gestellt waren. Sie kamen nicht nur, um einzukaufen, sondern auch, um sich mit mir zu unterhalten. Vielleicht war ich sogar einer der wenigen Menschen, zu denen sie einen persönlichen Kontakt hatten. Die Themen, über die wir uns unterhielten waren sehr unterschiedlich und teilweise auch sehr persönlich. Es war nicht zu übersehen, dass diese Menschen das Bedürfnis hatten,
sich jemandem zu öffnen und ein paar Worte zu wechseln. Auch wenn der Wunsch. sich mit jemandem zu unterhalten und soziale Kontakte zu knüpfen, eigentlich sehr bescheidene Wünsche sind, so spielen sie doch eine wichtige Rolle in unserem Leben.
Ich denke, dass es einen wichtigen Zusammenhang zwischen dem sozialen Umfeld eines Menschen und seiner persönlichen Entwicklung gibt.

Jeder einzelne ist von großem Wert! Dementsprechend sollten wir alle sehr achtsam sein und dürfen nicht zulassen, dass Menschen aus unserem Umfeld vereinsamen.
Es kostet uns nicht viel Mühe, hin und wieder nach den Nachbarn zu schauen oder Freunde und Bekannte anzurufen, mit denen man lange keinen Kontakt mehr hatte.
Es ist schön zu wissen, dass irgendwo jemand an dich denkt oder für dich da ist. Einsamkeit kann nicht nur politisch zu einem Problem werden, sondern ist auch aus menschlicher Sicht nicht dauerhaft zu ertragen.
Eine gut dosierte Beziehung zur Familie und Freunden kann Wunder bewirken und unserer Gesellschaft helfen, sich selbst zu heilen. Wir brauchen die Nähe zu anderen; wir brauchen sie deshalb, um von anderen zu lernen, um zu teilen und um unsere Menschlichkeit zu bewahren. Aus diesen Gründen sollte die Politik - aber auch wir selbst - den Zusammenhang zwischen der Vereinsamung und einer möglichen Radikalisierung nicht außer

Acht

lassen und dementsprechend Vorkehrungen treffen.

Im Namen Gottes

Wir haben sehr viel über Extremismus und Rassismus aus den Reihen der Rechtsradikalen gesprochen. Genauso gefährlich und tödlich für unsere Gesellschaft ist auch der Terror im Namen der Religion.

Um die aktuelle Situation richtig einschätzen und analysieren zu können, müssen wir die Zeit ein wenig zurückdrehen. Extremismus im Namen der Religion gab es schon immer. Immer wieder nutzten blutrünstige Menschen den Glauben, um ihre Interessen durchzusetzen. Immer wieder gab es Menschen, die sich den Glauben so zurechtgebogen haben, dass das Wesentliche nicht mehr erkennbar war. Die Vergangenheit wahrheitsgemäß in die Gegenwart zu tragen, ist die Aufgabe von Historikern und Politikern.
An dieser Stelle würde ich gerne folgende Bücher empfehlen:

1. Wer den Wind sät
(Michael Lüders)

2. Die große Heuchelei
(Jürgen Todenhöfer)

3. Imperium USA
(Daniele Ganser)

Es gibt nichts Schlimmeres für einen gläubigen Menschen, als mit anzusehen, wie Menschen die Religion für ihre Zwecke missbrauchen; erst recht wenn es um Terror geht. Leider häufen sich in unserer Zeit die Schlagzeilen über grausame Terroranschläge, die nur einem Zweck dienen: der Spaltung unserer Gesellschaft.

Die Muslime im Land treffen solche Schlagzeilen gleich doppelt. Zum einen sind es die Wut und Angst, die von solchen Anschlägen verursacht werden, und zum anderen die Sorge darüber, in Verbindung mit diesen Anschlägen gebracht zu werden.

Seit Jahrzehnten stehen die Muslime unter Generalverdacht und müssen sich im Alltag für Dinge rechtfertigen, mit denen sie nicht im Geringsten etwas zu tun haben. Es ist verständlich, dass die Bevölkerung sehr emotional auf Terroranschläge reagiert und von der Politik konkrete Gegenmaßnahmen erwartet. Um diesen Erwartungen gerecht zu werden, reagiert auch die Politik, aber leider nicht immer mit langfristigen und effektiven Maßnahmen. Es sind meist kurzfristige Aktionen, die mehr das Ziel haben, die Bevölkerung zu beruhigen, statt den Terrorismus dauerhaft zu bekämpfen.

An dieser Stelle möchte ich gerne über einen Vorfall in Frankreich sprechen. Als Reaktion auf mehrere Terroranschläge wollte die Regierung in Frankreich ein Zeichen setzen. Also wurden kurzerhand neue Gesetze erlassen, unter anderem das Burkini-Verbot.
Fassen wir kurz zusammen: Schwer bewaffnete Terroristen verüben einen blutigen Anschlag und als Gegenmaßnahme
nimmt man muslimischen Frauen die Möglichkeit, öffentlich schwimmen zu gehen.
Man schließt eine ganze Gruppe von Menschen aus der Gesellschaft aus, um sich in ein paar Jahren wieder darüber zu beschweren, dass sich genau diese Gruppe nicht genügend in die Gesellschaft einbringt.
Man bestraft ganze

Bevölkerungsgruppen für die Anschläge, mit denen sie nicht das Geringste zu tun haben und das sie mindestens genauso verabscheuen wie alle anderen auch.

In dieser Phase wurde ich Zeuge eines zutiefst traurigen, aber auch erniedrigenden Vorfalls.
Eine muslimische Mutter war in Südfrankreich mit ihren zwei Söhnen am Strand. Alle drei waren im Wasser und sie trug einen Burkini. Der Strand war gut besucht, hunderte von Menschen genossen die Sonne und das schöne Wasser. Plötzlich tauchte ein Boot der Küstenwache auf und hielt in Höhe der Familie an. Über Lautsprecher forderte die Küstenwache die Frau auf, entweder den Burkini auszuziehen oder den Strand unverzüglich zu verlassen. Die Lautsprecher waren so laut, dass jeder im näheren Umkreis diese Aufforderung gehört hatte. Allein die Erinnerung daran tut mir heute noch in der Seele weh. Der anfänglich geschockte, dann aber schamerfüllte Blick dieser Frau. Die Blicke

der Menschen um sie herum (einige
lachten, einige schauten nur zu) und die

Blicke der Kinder, die ich keiner Emotion zuordnen konnte.
In diesem Augenblick wusste ich, dass der Terror gesiegt hatte. Diese Schlacht haben die Extremisten, Menschenhasser und Kriegstreiber gewonnen.
Ich wusste auch, dass dieser Tag, dieser Augenblick, den Nährboden für Terrorismus nur noch gestärkt hatte. Die zwei Söhne der muslimischen Mutter waren schätzungsweise zwischen zehn und vierzehn Jahre alt. Diese Kinder werden sich ihr ganzes Leben lang an diesen Tag erinnern, den Tag, an dem sie und ihre Mutter vor den Augen hunderter Menschen vom Strand verjagt wurden. Sie werden dieses Schamgefühl, das Gefühl der Erniedrigung und Abweisung nie wieder vergessen.
Europa hat an diesem Tag den Krieg verloren, Europa hat an diesem Tag Unschuldige für etwas bestraft, das die Auswirkung ihrer eigenen misslungenen Politik war. Europa hat an diesem Tag eine unschuldige Frau, eine Mutter, aus der Öffentlichkeit verbannt und sie vor den Augen ihrer eigenen Kinder erniedrigt und

beleidigt. Europa hat zwei seiner Söhne verloren, unschuldige Kinder, die nur einen schönen Tag am Strand verbringen wollten.
Wir haben diese zwei Kinder verloren, wir haben sie gebrochen und ihnen deutlich gemacht, dass sie nicht willkommen sind, dass sie nicht hierhergehören und sie kein Recht auf einen Tag am Strand mit der Mutter haben. Wir haben zwei junge Menschen aus der Gesellschaft gerissen und sie abgestoßen. In ein paar Jahren werden wir uns darüber beschweren, dass sich diese zwei jungen Männer nicht genügend in die Gesellschaft einbringen. Wir werden ihnen vorwerfen,
dass sie kein Interesse an Frankreich oder Frankreichs Werten haben.
Ja, so wird es sicherlich kommen.
Vielleicht aber werden sich diese zwei jungen Männer auch für einen anderen Weg entscheiden. Den Weg der Vernunft. Vielleicht machen sie es sich zur Aufgabe, diese Gesellschaft zu verändern, es besser zu machen. Vielleicht wird eines Tages einer dieser jungen Männer der neue

französische Präsident - wer weiß das schon? Es erstaunt mich immer wieder, wie gedankenlos wir mit unseren Mitmenschen umgehen und sie durch ständige Erniedrigung aus der Gesellschaft drängen.
In einer Welt, in der der Flügelschlag eines einzigen Schmetterlings das Klima beeinflusst, ist die Annahme, dass unsere Handlungen keine Konsequenzen haben werden, wirklich lächerlich. Es ist immer der einfachste Weg, sich seinen Emotionen zu ergeben und aus dem Bauch heraus zu handeln. Wie viele Kriege und wie viel Unheil hätte man verhindern können, hätte man nur darauf geachtet, den anderen nicht zu kränken. Wir können und dürfen nicht so mit anderen Menschen umgehen und uns dann wundern, wenn die Auswirkungen unseres Verhaltens wie ein Bumerang zurückschlagen.
Die Radikalisierung im Namen der Religion kann nur dann fruchten, wenn ein Nährboden dafür vorhanden ist. Der Nährboden für Radikalisierung und

Terrorismus, egal welcher Art, ist immer eine in der Wirklichkeit vorhandene Ungerechtigkeit.
Eine Terrororganisation hätte es ziemlich schwer, einen jungen Menschen davon zu überzeugen, sich selbst und andere unschuldige Menschen in den Tod zu reißen, ohne die dazu notwendigen Argumente.
Der Anschlag auf die Zwillingstürme ist inzwischen zwanzig Jahre her. Das bedeutet, dass Muslime seit zwanzig Jahren unter Generalverdacht stehen. Das bedeutet, dass Muslime sich seit zwanzig Jahren für blutrünstige Terroristen rechtfertigen müssen. Vor allem bedeutet das aber, dass ein dreißigjähriger Moslem seit seiner Kindheit Diskriminierungen und Beleidigungen ausgesetzt ist.
An dieser Stelle müssen wir uns wieder fragen: Was macht das mit einem Menschen?
Was ist das für ein Gefühl, ständig Rechenschaft ablegen zu müssen?
Wie geht ein junger Mensch damit um, sich ständig beweisen zu müssen?

Wie viele Unterstellungen und Anschuldigungen verträgt ein Mensch, bevor er den Glauben an Gerechtigkeit verliert?

Empathie ist die notwendige Medizin unserer Zeit; es geht darum, Menschen zu verstehen, anstatt sie zu verurteilen. Wir sollten uns unserem Gewissen stellen und uns fragen, ob wir je ernsthaft versucht haben, die Menschen um uns herum zu verstehen.

Es ist sehr wichtig für uns, aber auch für die Entwicklung unserer Gemeinschaft, dass wir anfangen, den Zusammenhang zwischen Ursache und Wirkung zu verstehen. Dass wir verstehen, dass jede Handlung,

jede Aktion und jedes Verhalten eine Wirkung hat. Um die Radikalisierung und den Terror dauerhaft zu bekämpfen, müssen wir die Ursachen für die Entstehung solcher Gedanken bekämpfen. Jeder Mensch zählt und ist von unschätzbarem Wert. Wenn junge Menschen das Gefühl haben, akzeptiert und verstanden zu werden, können radikale Strömungen sie nicht mitreißen.

Es existieren in jeder Glaubensgemeinschaft radikale Ansichten. Um diese zu unterbinden und um die jungen Menschen davor zu schützen, brauchen wir eine langfristige Strategie. Gerade in der muslimischen Gemeinschaft wäre es wünschenswert,
so viele Imame wie möglich auch hier im Lande auszubilden. Dass hier ein Bedarf besteht, ist uns schon seit Jahren bewusst. Auch wenn die radikalen Gruppen aus den Reihen der Muslime eine sehr kleine Minderheit darstellen und prozentual gesehen nicht erwähnenswert sind, stellen sie eine große Gefahr dar. Diese kleinen Zahlen können, trotz allem, eine sehr große Wirkung haben und das friedliche Zusammenleben sehr stark beeinflussen. Umso wichtiger ist die Ausbildung deutscher Imame, die in der Sprache predigen, die die jungen Menschen am besten verstehen: Deutsch.

Aber auch hier wurde die Sache falsch angegangen und seitens der Politik die falschen Forderungen gestellt. Einige Politiker fordern nicht nur die Ausbildung

deutscher Imame, sondern einen deutschen Islam, eine reformierte Version des Islams. Bei solchen Forderungen wird die Inkompetenz dieser Menschen deutlich. Was jedem klar sein muss, der sich mit dem Thema Islam beschäftigt, ist, dass wir als Muslime eine Reformierung unseres Glaubens nicht zulassen werden. Wir glauben an den Islam als Religion und betreiben es nicht als Hobby.
Die Reinheit des Glaubens in Wort und Schrift hat für uns höchste Priorität. Natürlich ist mir bewusst, dass es nicht für jeden nachvollziehbar ist und viele die Bedeutung der Religion in unserem Leben nicht verstehen können. Sie müssen es auch nicht verstehen.
Es genügt, wenn sie verstehen, dass es für uns sehr wichtig ist und es auch so akzeptieren.
Die Politik, aber auch die Gesellschaft muss endlich einsehen, dass der Bedarf nach Gott und Glaube existiert und auch in Zukunft existieren wird. Wenn diese Tatsache einmal akzeptiert ist, geht es darum, die Weichen für die Zukunft richtig zu stellen und die Ausbildung deutscher

Imame voranzutreiben und dafür zu sorgen, dass junge Muslime eine gute Religionslehre aus richtigen Quellen erhalten.

Es gibt viele Gründe für die Ausbildung deutscher Imame. Einer davon wäre, wie schon erwähnt, die einheitliche Sprache und die damit verbundene Transparenz. Ein weiterer wichtiger Grund wäre, dass hierzulande ausgebildete Imame einen besseren Bezug zu der Jugend und deren Bedürfnissen hätten.

Eines der stärksten Argumente aber ist die Tatsache, dass deutsche Imame viel schneller und gezielter auf aktuelle Situationen reagieren könnten und vor allem die Zusammenhänge gewisser Problemthemen besser verstehen und dementsprechend ihren Umgang der Situation anpassen würden. Der erste große Schritt aber sollte die absolute Akzeptanz der muslimischen Gemeinde in Deutschland und Europa sein. Solange Diskussionen darüber geführt werden, ob der Islam zu Europa gehört oder nicht, wird man keinen

Jugendlichen davon überzeugen können, hier wirklich zu Hause zu sein. Solange mit dem Finger auf die muslimische Gemeinde gezeigt wird, die Sätze mit "wir" und "ihr" anfangen, und Muslime auch nach über sechzig Jahren wie Fremde behandelt werden, wird es schwer, die Menschen von einer gemeinsamen Zukunft zu überzeugen.

Es ist auch für mich immer wieder sehr verletzend, wenn ich die Themen einiger TV-Sendungen oder die Schlagzeilen einiger Zeitungen sehe. " Wie gefährlich ist der Islam?", "Mekka Deutschland! Die stille Islamisierung Deutschlands" oder "Gehört der Islam zu Deutschland". Und natürlich in weißer Schrift auf schwarzem Grund.

Es tut mir wirklich in der Seele weh und ist für mich fast schon unerträglich, solche Schlagzeilen zu lesen. Wenn Muslime solche Schlagzeilen lesen, wissen sie ganz genau, dass sie damit gemeint sind und andere gerade über ihren Status entscheiden. Als wären wir irgendwelche Gegenstände, Handelsware oder

Nutzvieh. Solche niveaulosen Diskussionen werden über unsere Köpfe hinweg geführt, als würden wir nicht verstehen, worum es geht oder keinen Anspruch darauf haben, daran teilzunehmen.
Ein respektvoller Umgang miteinander und Diskussionen in Augenhöhe sind unverzichtbar für eine gemeinsame Zukunft.
Wenn wir der jungen Generation in Deutschland das Gefühl vermitteln, die Zukunft dieses Landes mitgestalten zu können, werden sie dies auch annehmen. Lasst uns gemeinsam die Fehler der Vergangenheit korrigieren und uns auf eine bessere Zukunft freuen. Meine Überzeugung, dass dies zu schaffen ist, ist grenzenlos.
Die Radikalisierung kann nur stattfinden, wenn Menschen keinen anderen Ausweg sehen. Also liegt es an uns, den Menschen andere Wege aufzuzeigen.
Lasst uns gemeinsam träumen: Wir leben in einer Gesellschaft, in der es nur auf die Qualifikation der Menschen ankommt und nicht auf die Hautfarbe, Religion oder

Herkunft. Eine Gesellschaft, in der sich jeder frei entfalten kann und sich für seine Lebensweise nicht rechtfertigen muss. Die Nachbarn grüßen sich, ein junges Pärchen fragt die Oma von nebenan, ob sie ihr etwas aus dem Supermarkt mitbringen können. Eine Polizistin mit Kopftuch klärt in einer Schule die Schüler über unser Grundgesetz auf.
Und beim Bau einer neuen Synagoge helfen Freiwillige der Gemeinden, der Kirche und der Moschee fleißig mit. Ein starkes Deutschland, selbstbewusst und vorbildlich für alle anderen Nationen dieser Welt. Kein Platz für Hass und Hetze, stattdessen weltoffen, aber trotzdem der eigenen Kultur und Tradition treu.
Ja, so stelle ich es mir vor und weiß ganz genau, dass dieser Traum realisierbar ist und wir nicht weit davon entfernt sind. Bitte lasst uns diesen Traum gemeinsam träumen und für dessen Verwirklichung kämpfen. Dieser Traum ist es wert, geträumt zu werden, denn er ist der Alptraum aller Terroristen und all jener, die von Hass und Gewalt zehren.

Armageddon Europa

Die rechte Szene bietet uns eine Vielfalt an Argumenten und begründet ihren Fremdenhass auf verschiedene Weisen.

Für die Nachvollziehbarkeit wäre es notwendig, einen Teil dieser Argumente genauer unter die Lupe zu nehmen, um deren Wahrheitsgehalt zu messen.

1. "Untergang der abendländischen Kultur"

Man kann der rechten Szene einiges vorwerfen, aber eines ist gewiss: Den Umgang mit der Angst beherrschen sie perfekt. Die rechte Szene hat ein sehr gutes Gespür für die Sorgen der Menschen und reagiert sehr schnell auf aktuelle Ereignisse. Ganz im Gegensatz zu der Politik, die in den meisten Fällen erst dann aktiv wird, wenn es schon fast zu spät ist. Es bieten sich viele Möglichkeiten, ein Volk in Angst zu versetzen. Einige davon sind sogar durchaus nachvollziehbar.

Die Angst um den Untergang der abendländischen Kultur ist teilweise berechtigt, wird aber missbraucht, um Stimmung gegen den Islam zu machen. Um am Schluss nicht als Nazi dazustehen,

sondern als Verteidiger der eigenen Kultur, ist so ein Verhalten strategisch richtig. Jeder, der sich mit dieser Thematik auseinandersetzt, wird erkennen, dass die Kirche und deren Einfluss in der Bevölkerung in den letzten Jahrzehnten immer mehr geschrumpft ist. Immer weniger Menschen bezeichnen sich selbst als Christen und der Gedanke, dass Glaube und Kirche zusammengehören, findet immer weniger Zustimmung.
Es ist auch zu beobachten, dass die Gottesdienste sich mit immer kleiner werdenden Teilnehmergruppen zufriedengeben müssen. Die Gründe hierfür sind vielfältig und müssen genau analysiert werden.
Dass die Kirche jahrhundertelang die Wissenschaft als Feindbild sah und Menschen den Weg zur Bildung blockierte, ist sicherlich einer der Gründe. Es dient auch nicht unbedingt der Glaubwürdigkeit der Kirche, wenn man von Bescheidenheit predigt, aber ein völlig gegensätzliches Leben führt. Die Missbrauchsfälle machen die ganze Sache natürlich nicht einfacher und vor allem das große Schweigen im

Vatikan löst immer mehr Empörung aus. Ich denke, dass die Kirche sehr viel selbst dazu beigetragen hat, dass sich immer mehr Menschen von ihr abwenden. Dass aber diese Entwicklung seitens rechter Populisten dem Islam bzw. den Muslimen im Land in die Schuhe geschoben wird, ist nicht hinnehmbar und entspricht nicht der Wahrheit. Zu gerne würde ich wissen, wie viele der Pegida-Demonstranten regelmäßig die Kirche besuchen oder das "Vaterunser" aufsagen können. Es geht hier nicht darum, die Menschen zum Kirchenbesuch zu animieren, sondern um Ursachenforschung.

Um herauszufinden, warum die abendländische Kultur vor dem Aus steht, was die Hintergründe sind und wieweit die Populisten recht haben mit ihren Behauptungen. Sicherlich gibt es viele Gründe, weshalb Menschen sich für ein Leben ohne die Kirche entscheiden, aber keiner davon hat etwas mit Migration oder den muslimischen Mitbürgern zu tun.

Um ehrlich zu sein, hätte ich gegen etwas mehr christliche Nächstenliebe nichts einzuwenden. Es gibt aber auch Situationen, in denen man das Gefühl bekommen könnte, dass aufgrund der muslimischen Bevölkerung die eigene Kultur zu Schaden kommt, wenn zum Beispiel die Kreuze an Schulen entfernt und Weihnachtsmärkte in Wintermärkte umgetauft werden. Die überwiegende Mehrheit der Muslime in Deutschland hat keine Probleme mit Kreuzen oder Weihnachtsmärkten. Ich möchte nicht, dass mir zuliebe die religiösen Werte anderer angegriffen werden.

In einer christlich geprägten Gesellschaft sind christliche Symbole legitim und jeder muss damit klarkommen. Wenn sich eine Schule dagegen entscheidet, dann aus eigenem Interesse, aber bitte nicht unter dem Vorwand, Andersgläubige nicht beleidigen zu wollen. Diese Aussage ist absurd und dient nicht der Entwicklung einer selbstbewussten und toleranten Gesellschaft.

Vielmehr bewirken solche Aktionen genau das Gegenteil und geben gläubigen Christen das Gefühl, dass die Migration schuld an der Abschaffung christlicher Symbole ist.
Wir möchten eine Gesellschaft, dessen Gemeinschaft nicht erzwungen ist und nicht dadurch definiert wird, seine religiösen Werte so gut wie möglich zu verstecken. Kein Mensch sollte seine Identität verstecken müssen und jeder einzelne Bürger sollte die Gelegenheit bekommen, mit vollem Selbstbewusstsein seinen Glauben auszuleben. In Schulen sollten auch Lehrer ihre Kreuze, Kappas oder Kopftücher tragen können.

Auch wenn viele der Meinung sind, es würde gegen das Neutralitätsgesetz verstoßen, finde ich, dass man Neutralität nicht durch Verbote, sondern durch Akzeptanz schaffen sollte. Man sollte Kindern den Umgang mit solchen Symbolen lehren und nicht die eigene Identität in der Öffentlichkeit verstecken müssen. Unsere Kinder sollten selbstbewusst und in Vielfalt aufwachsen, immer im Bewusstsein, trotz

Unterschieden ein Volk zu sein, eine starke Gemeinschaft zu bilden, trotz Kippa, Kreuz und Kopftuch. Mit dieser Einstellung und ohne die Symbole anderer zu entfernen oder zu verstecken, nehmen wir auch gleichzeitig den Populisten den Wind aus den Segeln.

2. "Muslime sind nicht integrierbar"

Wie oft saßen wir vor dem Fernseher und mussten uns anhören, dass der Islam und die europäischen Werte nicht kompatibel sind.
Dass wir die freie Gesellschaft und alles, wofür sie steht, verabscheuen. Wir würden weder das deutsche Gesetz noch die Kultur der einheimischen Bevölkerung respektieren. Nicht integrierbar seien wir und durch unser Verhalten verantwortlich für die Entstehung von Parallelgesellschaften. Das ist die klassische wie auch einfache Sichtweise aus den Reihen der Rechten. Mit dieser Aussage sind die Schuldigen schnell gefunden und die Verantwortung

für alles Unheil der muslimischen Bevölkerung zugeschoben. Eine Win-Win-Situation, könnte man sagen.
Die Realität aber erzählt uns auch in diesem Fall eine ganz andere Geschichte. Als Beispiel für eine gelungene Integration würde ich gerne über die Gruppe sprechen, der auch ich angehöre, die zweite Generation.
Wir sind im Bewusstsein aufgewachsen, einer anderen Glaubensrichtung anzugehören als die meisten in Deutschland, aber trotz dieses Unterschieds ein Teil des Ganzen zu sein. Auch wenn unsere Wurzeln dreitausend Kilometer entfernt liegen, groß geworden sind wir hier, hier zu Hause.
Hätte man uns nicht ständig unter verschiedenen Vorwänden daran erinnert, dass wir Fremde sind, wäre uns das vielleicht nie aufgefallen. Trotzdem habe ich das Gefühl, dass gerade unserer Generation sehr viel zu Unrecht unterstellt wird.
Der größte Teil meines Freundeskreises besteht aus dieser zweiten Generation und ich muss gestehen, dass Integration

für uns selber nie ein großes Thema war. Wir hatten die Integration schon längst hinter uns gelassen und waren viel weiter, weiter als die Politik und einige Teile der Gesellschaft. Die zweite Generation hatte die tolle Situation, aus zwei Kulturen das Beste zu übernehmen und sich zwei unterschiedlichen Familien angehörig zu fühlen. Es ist schön, zwischen verschiedenen Welten hin und her gleiten zu können, ohne sich gleich in einem Kampf der Kulturen wiederzufinden. Weder unsere Wurzeln noch unser Glaube halten uns auf, ein vollwertiges Mitglied des deutschen Volkes zu sein. Das ist das Resultat einer abgeschlossenen Integration,
wenn heftiger diskutiert wird als je zuvor, wenn Meinungen aufeinandertreffen und Menschen sich zu Wort melden, die bislang eher geschwiegen haben.
Die Anteilnahme an politischen Ereignissen und das Bedürfnis, das Land mitzugestalten, sind ein Zeichen der Zugehörigkeit.

Leider wäre die Behauptung, dass die Integration bei jedem Einzelnen meiner Generation abgeschlossen ist, reiner Optimismus und nur ein Wunschdenken. Sicherlich gibt es auch hier eine Gruppe von Menschen, die sich mit der Zugehörigkeit schwertut. Auch dies kann mehrere Gründe haben. Zum einen die Inakzeptanz in der Gesellschaft, zum anderen können auch dramatische Erfahrungen aus der Vergangenheit den Weg zur Integration für immer versperren. Und manchmal ist es einfach der Mensch selbst, der sich abkapselt und mit seinem Umfeld nichts zu tun haben möchte. Es gibt nun einmal diese Menschen, die nicht integrierbar sind. Es ist sehr schwierig für solche Fälle, eine Strategie zu entwickeln.

Schließlich kann man niemanden dazu zwingen, sich aktiv am gesellschaftlichen Leben zu beteiligen.

Solange sich diese Menschen an die Gesetze halten, sollten und müssen wir ihren Wunsch auf Anonymität akzeptieren. Dieses Verhalten jedoch einer bestimmten Nation oder

Glaubensrichtung zuzuschreiben, ist falsch und würde der Tatsache widersprechen, dass es in jeder Gruppe Menschen gibt, die bewusst die Abgeschiedenheit suchen. Umso glücklicher macht es mich, von Menschen umgeben zu sein, die mitten im Leben stehen. Die sich beteiligen, die mit anpacken und sich als Teil des großen Ganzen sehen.
Wir sind hier, wir sind integriert und bereit, unseren Beitrag zu leisten.

3." Das Kopftuch wird der muslimischen Frau aufgezwungen"

Fast kein anderes Thema wird so sehr politisiert und missbraucht wie das Kopftuch.
Bei diesem Thema werden Rechtsradikale zu Frauenverstehern, Rassisten zu Befreiern der türkischen Frau und jeder Einzelne in der Diskussionsrunde zum Islam-Experten.

Seit Jahren verfolge ich aufmerksam TV-Sendungen, lese Zeitungsartikel und beobachte die sozialen Netzwerke. Leider

musste ich mit Entsetzen feststellen, dass beim Thema Kopftuch die Meinung der muslimischen Frau nie eine Rolle gespielt hat. Es waren immer die anderen, die darüber diskutiert und entschieden haben. Es wurde ständig über die Köpfe der muslimischen Frauen hinweg diskutiert. Es ist ein Zeichen der Überheblichkeit und eine Form von Arroganz zu glauben, dass diese Frauen nicht in der Lage sind, für ihre eigene Meinung zu stehen. Das sind sie sehr wohl und werden in Zukunft diese Ungerechtigkeit nicht länger hinnehmen. Wieder einmal werden wir Zeugen einer Doppelmoral, die zum Himmel stinkt. Ständig werden der muslimischen Frau fehlendes Selbstbewusstsein und Mangel an Emanzipation vorgeworfen. Entspricht das wirklich der Wahrheit?
Oder betrachten wir die Situation nur aus der falschen Perspektive? Die Frage, die wir uns stellen sollten, ist eine ganz andere.

Wie stark und selbstbewusst muss eine junge Frau sein, die sich trotz aller Nachteile in der Gesellschaft für ein Leben mit Kopftuch entscheidet? Wie stark muss die Überzeugung sein, wohlwissend, dass man fast keine Chance mehr auf dem Arbeitsmarkt hat, sich trotzdem für diesen Weg zu entscheiden? Wie viel Emanzipation benötigt eine junge Frau, um sich den Vorurteilen und dem Hass einer ganzen Gesellschaft zu stellen, nur um sich selbst verwirklichen zu können? Ich denke, wir sehen die ganze Sache aus dem falschen Blickwinkel. Diese Frauen sind so viel stärker und so viel selbstständiger, als wir es ihnen zutrauen.

Versetzt euch für einen kurzen Augenblick in die Lage einer achtzehnjährigen Muslima.
Das Abitur erfolgreich abgeschlossen, stellt sich nun die Frage: Wie geht es jetzt weiter?
Das Studium stellt eher ein geringes Problem dar, da die meisten unserer Universitäten weltoffen und tolerant sind. Die Bildung steht im Vordergrund, nicht die Religionszugehörigkeit, so wie es sich für eine Bildungseinrichtung auch gehört. Es ist genug Raum für freie Entfaltung und

verschiedene Meinungen vorhanden. Man könnte fast der Täuschung erliegen, dass diese Situation ein Leben lang halten wird. Doch die Situation auf dem Arbeitsmarkt ist eine ganz andere. Eine junge Frau mit Kopftuch bekommt schon in der Bewerbungsphase die ganze Härte der Diskriminierung zu spüren. Genau an diesem Punkt ist Empathie gefragt. Stellt euch vor, ihr seid genauso qualifiziert wie alle anderen auch, aber aufgrund eurer religiösen Überzeugung bekommt ihr diesen Arbeitsplatz nicht. Entweder werdet ihr erst gar nicht zum Vorstellungsgespräch eingeladen oder man fordert euch während des Gesprächs auf, euer Kopftuch abzulegen. Wie fühlt sich ein Mensch in diesen Augenblick? Wie geht man mit solchen seelischen Verletzungen um?

Natürlich werden jetzt einige sagen, dass jeder Arbeitgeber auch das Recht hat, die Hausordnung selbst zu bestimmen, was aus gesetzlicher Hinsicht zum größten Teil auch durchsetzbar ist. Aber bedeutet in diesem Fall „Recht" auch gleich „richtig"? Die Frage, mit der wir uns an diesem

Punkt beschäftigen müssen, lautet doch, ob eine Hausordnung über dem Grundgesetz stehen darf. Niemand darf aufgrund seiner Herkunft, Behinderung oder religiösen Überzeugung benachteiligt werden. So steht es zumindest im Grundgesetz. Im Alltag aber spüren wir diese Benachteiligung leider immer wieder aufs Neue. Die Wahrheit ist, dass es hier nicht um ein Stück Stoff geht, sondern um Menschen. Menschen, die sich gekränkt und ausgestoßen fühlen. Menschen, die sich in ihrer freien Entfaltung und beruflichen Entwicklung als benachteiligt sehen. Ja, wir können Kopftuch-Verbote erteilen und ja, wir können auch diese jungen Frauen vor eine Wahl stellen.
Ich befürchte aber, dass dieses Verhalten unserer Gesellschaft unheilbare Wunden zufügen wird. Die einzig logische Konsequenz aus solch einem Verhalten ist die Entstehung neuer Parallelgesellschaften.
Es werden keine Parallelgesellschaften sein, die aufgrund fehlender

Sprachkenntnisse oder mangelnder Integration entstanden sind, sondern aufgrund fehlender Akzeptanz und unzähliger Kränkungen. Wir müssen hier und jetzt eine Entscheidung treffen. Möchten wir noch mehr Spaltung in unserer Gesellschaft, noch mehr Anfeindungen und noch mehr Ungerechtigkeit? Oder möchten wir als eine Einheit, als ein Volk, allen Menschen die gleichen Chancen und Möglichkeiten bieten? Möchten wir die individuelle Entfaltung der Frauen fördern oder bestimmen wir über die persönliche Entwicklung aller? Ist die Freiheit der nicht muslimischen Frau unantastbar, während die Freiheit der muslimischen Frau begrenzt und regulierbar ist?
All diese Fragen benötigen dringend eine Antwort und dürfen nicht weiter ignoriert werden. Wir sollten endlich ehrlich zueinander sein und die Dinge beim Namen nennen.
Viele Menschen, die diese Themen direkt betreffen, schauen sich die Sendungen im TV erst gar nicht mehr an, lesen die Zeitungsartikel nicht oder möchten als

Quoten-Muslime an Diskussionsrunden nicht teilnehmen. Ihnen ist bewusst, dass es meistens nicht wirklich um die Freiheit, Emanzipation oder Selbstverwirklichung geht. Es geht eher darum, die eigene Verantwortung für die Integration einer kleinen Gruppe zuzuschieben und sich selbst als besorgter Bürger zu platzieren. Es geht auch darum, eine ganze Religionsgemeinschaft als potenziell gefährlich und nicht anpassungsfähig darzustellen.
Es gibt viele Beweggründe, gegen die Muslime zu hetzen. Manchmal ist es der pure Rassismus, manchmal die Angst vor der Verdrängung der eigenen Kultur und der eigenen Werte. Und manchmal ist es einfach nur das politische Kalkül.
Mit Islam-Hetze lässt sich seit Jahren gut Wahlkampf betreiben. Und solange die Diskussionen mit Menschen dieserart geführt werden wird sich nichts ändern. Es wäre die reinste Unterstellung meinerseits, wenn ich nicht auch die vielen Menschen erwähnte, die mit den besten Absichten diskutieren. Natürlich sind auch viele dabei, die sich dieser

Thematik gewidmet haben, um ernsthafte Lösungen zu finden.

An dieser Stelle möchte ich mich bei allen bedanken, die ein ernstgemeintes Interesse daran haben, diese Art von Problemen dauerhaft zu lösen, ganz unabhängig davon, ob wir dieselbe Meinung teilen.
Es gibt viele Möglichkeiten und Lösungsansätze, um dieses Problem ein für alle Mal aus der Welt zu schaffen. Und wir können alle dazu beitragen. Der erste und wichtigste Schritt wäre, die junge muslimische Frau so wahrzunehmen, wie sie wirklich ist: stark, unabhängig und selbstbewusst. Sie zu akzeptieren, wie sie ist: gläubig, modern und zielorientiert. Sie zu respektieren, wie sie ist: deutsch, integriert und muslimisch.

Solange ein großer Teil der Gesellschaft uns immer noch als „Fremde" sieht und uns als „die anderen" bezeichnet, wird es sehr schwer, diese Angelegenheit erfolgreich zu klären und aufzuarbeiten. Gerne möchte ich mich an dieser Stelle an das deutsche Volk wenden und ihnen zurufen: Das sind keine Fremden, das sind eure Töchter und eure Söhne. Das sind nicht die anderen, sondern die Töchter und Söhne Europas! Der ganze Hass und die Verachtung richtet sich eben nicht gegen andere, sondern gegen Menschen aus euren eigenen Reihen. Gegen Menschen, mit denen ihr im selben Boot sitzt. Gegen Menschen, die dieselben Sorgen und Träume teilen wie ihr. Wann kommt endlich die Einsicht? Die Einsicht darüber, dass all diese Erniedrigung und Spaltung uns allen gleichermaßen schadet?

Diese Spaltung findet nicht irgendwo in Anatolien, Afrika oder Asien statt, sondern hier bei uns.

Und auch die Konsequenzen werden nicht irgendwo anders zu spüren sein, sondern wieder hier bei uns, direkt vor der Tür. Wenn wir dieses Problem nicht aus der Welt schaffen, werden sich noch Generationen damit beschäftigen müssen.

Ein dunkler Schleier, der sich auf unser geistiges Auge niedergelegt hat, verhindert seit Jahren den klaren Blick auf die Wahrheit. Und die Wahrheit ist gar nicht kompliziert. Auch eine muslimische Frau ist eine ganz gewöhnliche Frau, mit gewöhnlichen Interessen, gewöhnlichen Träumen und gewöhnlichen Sorgen. Sie besteht auf keine Sonderbehandlung oder möchte keine unnötige Aufmerksamkeit, sondern wünscht sich nur die gesellschaftliche Akzeptanz und Chancengleichheit. Es sind ziemlich bescheidene Wünsche, würde ich sagen, dafür, dass man jahrelang offensichtliche Diskriminierung und Benachteiligungen hinnehmen musste. Je größer die Akzeptanz in einer Gesellschaft ist, umso größer ist die Motivation, seinen Beitrag zu leisten. Nur wenn man sich als Teil des Ganzen sieht,
werden einem nicht nur Rechte, sondern auch die Verantwortung bewusst.

Lasst uns gemeinsam die Menschlichkeit und den würdevollen Umgang miteinander aufleben. Wir sind nicht nur in der Lage, sondern sind auch

verpflichtet, für eine bessere Zukunft zu kämpfen, denn wir verspüren alle gleichermaßen den Drang nach Verbesserung. Es ist offensichtlich, dass unsere Gesellschaft krank ist. Wir kennen die Symptome, die Ursachen und die mögliche Therapie zur Heilung. Die Heilung besteht aus zwei Hauptbestandteilen: Menschlichkeit und Gerechtigkeit. Die meisten unserer gesellschaftlichen Probleme wären auch damit lösbar. Aber das ist leichter gesagt als getan. Viele Menschen müssten ihre alten Gewohnheiten aufgeben, ihre festgefahrene Ideologie ändern und alte Feindbilder löschen.
Vielleicht sogar den mutigen Schritt wagen, die Schuld in einigen Dingen bei sich selbst zu suchen und in Zukunft mehr Verantwortung zu übernehmen. Wie ihr sehen könnt, kann man die Lösung in zwei Zeilen benennen,
aber die Umsetzung benötigt doch etwas mehr Aufwand.

Und vor allem benötigt sie mutige und willensstarke Menschen. Lasst es bitte nicht zu, dass länger junge Frauen aufgrund ihrer religiösen Werte benachteiligt werden. Sprecht öfter diese Frauen direkt an und unterhaltet euch mit ihnen. Ich bin mir sicher, dass sie sich über euer Interesse freuen. Ich bin mir auch sicher, dass sich viele Vorurteile und Falschinformationen in Luft auflösen werden. Kommunikation ist der Schlüssel für ein dauerhaftes Miteinander. Also lasst uns diesen Schlüssel auch nutzen.

4. "Muslime importieren den Antisemitismus nach Europa „

Der Entschluss, dieses Buch zu schreiben, entstand aus einer Notwendigkeit. Die Notwendigkeit, Richtiges zu tun, Verantwortung zu übernehmen und mich für alle Menschen gleichermaßen einzusetzen. Es gibt Phasen im Leben eines Menschen, in denen man wichtige Entscheidungen treffen muss.
Diese Entscheidungen prägen und formen dann das ganze Leben.
Einer dieser Augenblicke war, als ich mich entschied, für alle Menschen

dasselbe zu fordern wie für mich selbst auch.

Denselben respektvollen Umgang, dieselbe Akzeptanz und dieselbe Daseinsberechtigung. All die Dinge, die ich für Muslime fordere, fordere ich auch für jeden anderen. Christen, Juden und Muslime, sie alle haben dieselben Rechte. Das Recht auf Existenz, freie Ausübung der Religion und auf Sicherheit. Umso mehr belastet es mich zu beobachten, wie der Islam mit Antisemitismus gleichgesetzt wird. Bestimmte Medienunternehmen haben es sich regelrecht zur Aufgabe gemacht, die Muslime in Europa als eine Gefahr für die Jüdische Gemeinde darzustellen. Jeder, der schon einmal ein Geschichtsbuch in die Hand genommen hat, weiß, wie tolerant die islamische Welt gegenüber Juden war. Dass Juden, Christen und Muslime jahrhundertelang in Jerusalem friedlich zusammengelebt haben, wurde auf historischer Ebene unzählige Male bestätigt.

Das Leid der Juden begann nicht erst im Dritten Reich, auch in früheren Epochen

Europas zogen immer wieder dunkle Wolken über das jüdische Volk. Es ist deshalb nur gerechtfertigt, dass man in

Europa mit dem Thema „Antisemitismus" sehr sensibel umgeht. Antisemitismus ist eine weitere Art von Rassismus, er richtet sich speziell gegen die jüdische Religion und das jüdische Volk. Er sollte, genau wie alle anderen Arten von Rassismus, mit aller Härte bekämpft und in keiner Weise toleriert werden. Niemand darf sich aufgrund seiner religiösen oder ethnischen Zugehörigkeit unsicher fühlen. Kein Mensch sollte seine eigene Identität und Persönlichkeit verstecken müssen, aus Angst um seine Sicherheit. Trifft aber die Aussage, dass der Antisemitismus tief im Islam verwurzelt ist, wirklich zu? Um dies richtig zu beantworten, sollten wir mit dem einen Auge in die Vergangenheit und mit dem anderen in die Gegenwart schauen. Unzählige Bücher, Dokumentationen und Verfilmungen gibt es über Jerusalem. Jerusalem ist für alle drei Weltreligionen gleichermaßen heilig. Moses, Jesus und Mohammed (Friede sei mit ihnen) haben alle ihre Spuren hinterlassen und somit Jerusalem zu einer der heiligsten Städte der Welt gemacht. Seitdem hat sich viel getan im Heiligen

Land. Mal herrschten die Römer, mal die Araber, mal die Kreuzritter oder die Osmanen. Was Jerusalem so besonders macht, ist unter anderem, dass jahrhundertelang Muslime, Christen und Juden friedlich zusammenlebten. Die Vergangenheit zeigt uns, dass ein friedliches Miteinander möglich war und immer noch ist. Also müssen die Wurzeln des Antisemitismus bei Muslimen in der Gegenwart liegen. Wenn wir die Entwicklung der letzten Jahre genauer unter die Lupe nehmen, werden wir einen Zusammenhang zwischen der politischen Lage in Palästina und Antisemitismus erkennen. Das bedeutet natürlich nicht, dass die Politik Israels
eine Rechtfertigung für Antisemitismus ist. Aber es ist eine der ausschlaggebenden Ursachen.

Auch hier halte ich an meiner Strategie fest, eine genaue Ursachenforschung zu betreiben, um die Probleme dauerhaft zu lösen. Was wir aber um jeden Preis verhindern müssen, ist die Gleichsetzung der israelischen Politik mit dem Judentum. Es kann nicht sein, dass die Handlungen und Entscheidungen einzelner Regierungen einer ganzen Religion zugeordnet werden. Der türkische Präsident verkörpert genauso wenig den Islam wie das Weiße Haus das Christentum. Wir sollten politisch und religiös motivierte Handlungen voneinander trennen und die Fehler auf Regierungsebene auch dort belassen. Wenn aber die westlichen Medien und die Politik jede Kritik an Israel als Antisemitismus einstuft, wird dies nicht möglich sein. Notwendig ist eine klare Haltung gegen Judenhass und Solidarität mit dem jüdischen Volk, aber mit ausreichend Raum für Kritik an der israelischen Politik.

Wenn ich die Handlungen muslimischer Gruppen oder Regierungen kritisiere, werde ich doch nicht zum Islamhasser.

Leider hat dieser Konflikt, der sich über Jahrzehnte erstreckt, viele Spuren hinterlassen. Der Hass auf beiden Seiten ist groß und scheint nicht enden zu wollen. Auf der einen Seite ist Antisemitismus entstanden und auf der anderen Seite Islamfeindlichkeit. Ich hoffe

und bete, dass mit der Lösung des Problems im Nahen Osten auch die Zahlen der antisemitistisch motivierten Straftaten fallen. Die Verbindung zwischen der Palästina-Frage und dem Antisemitismus in Europa ist nicht zu verleugnen und sollte auch dementsprechend seinen Platz in Diskussionsrunden einnehmen.
Die Ungerechtigkeit und Doppelmoral in der Palästina-Angelegenheit wird nur noch mehr Antisemitismus und Hass fördern. Ich bin überzeugt, dass mit der Lösung der Palästina-Frage nicht nur der Antisemitismus geschwächt wird, sondern auch den extremistischen Gruppen ein wichtiger Nährboden entzogen wird. Die Ungerechtigkeit in Palästina betrifft nicht nur die Palästinenser, sondern die ganze islamische Welt.
Jeder Moslem empfindet dasselbe, wenn es um Palästina geht: Solidarität mit dem Volk und Wut gegenüber der Schweigepolitik des Westens. Diese Atmosphäre wissen die radikalen Gruppen sehr gut zu nutzen. Sie wissen, wie

empfindlich Muslime bei diesem Thema sind und nutzen diese Situation aus, um Stimmung gegen alle Juden zu machen. Sie erklären ihre Daseinsberechtigung mit der Unterdrückung des palästinensischen Volkes und positionieren sich als Hüter und Rächer der Unterdrückten.
So ist es keine Überraschung, dass die Zahlen der antisemitistischen Fälle steigen.
Und aus diesem Grund fällt uns eine sehr große Aufgabe zu. Wir müssen uns auf der einen Seite für die Rechte der Unterdrückten einsetzen und dürfen auf der anderen Seite nicht zulassen,
dass radikale Gruppen diese Situation für ihre eigene Sache ausnutzen.
Sich mit den Palästinensern zu solidarisieren bedeutet nicht, Antisemitismus in den eigenen Reihen zu tolerieren.
Es bedeutet auch nicht, die Juden oder das Judentum für die Fehler der Politik verantwortlich zu machen. Ebenso muss sich auch der Westen die Frage stellen, wie die Solidarität mit Israel aussehen sollte. Bedeutet die Freundschaft mit

Israel, dass man keine gerechtfertigte Kritik ausüben darf? Und wenn ja, darf man das dann noch Freundschaft nennen? Oder ist Freundschaft nicht erst recht ein Grund, die Wahrheit auszusprechen?

Zusammenfassend würde ich sagen, dass es kein Tabu geben sollte, um ernsthafte Probleme zu lösen, und wir mit Ehrlichkeit viel weiterkommen als mit Heuchelei. Die Dinge beim Namen nennen und nicht in die Gewohnheit verfallen, sich alles schön zu reden. Sich der Sache annehmen und Verantwortung zeigen.

Nur so kommen wir weiter und bieten radikalen Gruppen keine Angriffsfläche mehr. Wir müssen den Nährboden für Extremismus ausrotten, damit unsere Kinder in einer Welt ohne Vorurteile und Hass leben können.

Dies gelingt uns jedoch nur, wenn wir in unseren Handlungen gerecht und barmherzig sind. Die Rechte aller gleichermaßen achten und unsere Augen nicht länger vor Ungerechtigkeiten verschließen. Islamfeindlichkeit, Antisemitismus und Rassismus sind die

Krankheiten unserer Zeit und müssen behandelt werden. Keine Glaubensrichtung, kein Volk und kein Mensch ist von Grund aus schlecht. Erst durch das fehlerhafte Verhalten des Einzelnen entsteht das Schlechte. Wenn wir diese einfache Tatsache verstehen und akzeptieren, wird für uns immer der Mensch im Mittelpunkt stehen und nicht seine Herkunft. Wir werden uns anfreunden oder distanzieren von Menschen, aber nicht aufgrund ihrer Religion, sondern aufgrund ihres Verhaltens.

Im Berufsleben wird die Qualifikation in den Vordergrund treten, in der Schule die Lernbereitschaft und im Privatleben der Charakter. Gelöst von den Fesseln des Hasses, der Vorurteile und Hetze. Genauso werden wir mit Rassismus, Islamfeindlichkeit und Antisemitismus fertig. Genauso fangen wir wieder von vorn an und segeln einer besseren Welt entgegen. Wir sind alle Adams Söhne und Töchter, ein Wunderwerk der Schöpfung, und wir sind es alle wert, respektvoll behandelt zu werden. Die

Menschheitsgeschichte lehrt uns, dass Hass und Feindseligkeit immer in einer Katastrophe enden. Jetzt haben wir noch die Gelegenheit, diese Katastrophe zu verhindern und den nachkommenden Generationen eine friedliche Welt zu hinterlassen. Ein Leben in Würde und Frieden und zwar für alle. Ist dieser Gedanke nicht schön? Ist dieser Gedanke nicht jede Mühe und Anstrengung wert? Für mich steht die Antwort fest. Jetzt müsst ihr euch diese Frage stellen und eine Antwort finden.

5. „Ehrenmord" gehört zum Islam!

Als ich mich entschied, dieses Buch zu schreiben, war eine meiner größten Ambitionen, Vorurteile zu bekämpfen. Eines dieser Vorurteile, das mir immer sehr zu schaffen gemacht hat und mich heute noch zutiefst belastet, ist das Thema Ehrenmord.

Im Koran steht: *„Einen Menschen zu töten, ohne dass dieser einen Mord oder eine Gewalttat im Lande begangen hat, ist, als ob die Menschheit insgesamt getötet würde. Doch einem Menschen das Leben zu erhalten, ist genauso, als ob die ganze Menschheit gerettet wird." (Sure 5 Vers 32).*

Es ist unglaublich verletzend für einen gläubigen Menschen, wenn seine Religion mit Mord an Unschuldigen in Verbindung gebracht wird.

Es gibt nichts Ehrenhaftes an der Ermordung unschuldiger Menschen und nichts, was so eine schreckliche Tat rechtfertigen könnte.

Der Glaube ist die Verbindung zwischen einem Menschen und seinem Schöpfer. Aus diesem Grund sollte sich nichts und niemand dazwischen stellen. Die Vorstellung, dass ein Mensch sterben muss, weil er die Ansichten des Elternhauses nicht teilt, ist nicht zu ertragen. Erst recht nicht, wenn die

Mörder sich nach der Tat mit selbst verliehenem Ehrentitel schmücken. Wenn sie im Namen der Ehre und Würde zu ehr- und würdelosen Bestien werden. Es kommt die Zeit, in der Menschen wichtige Entscheidungen treffen müssen. Eine dieser Entscheidungen ist der Weg, den man im Leben einschlagen möchte.
Zu diesen Entscheidungen gehört auch der Glaube und die Beziehung zu Gott.
Manche Menschen glauben, andere wiederum nicht. Manche Menschen glauben so, wie es in den Büchern steht, andere auf ihre eigene Art und Weise.
Der entscheidende Punkt ist aber, dass der Glaube niemals aufgezwungen werden kann.
Die Seele eines Menschen kann man nicht in Fesseln legen, man kann sie verletzen oder enttäuschen, aber nicht versklaven. Wie kann es sein, dass so eine schreckliche Tat mit einer Religion in Verbindung gebracht wird, die jede Art von Zwang unmissverständlich verbietet? Wieder heißt es im Koran: *"Es gibt keinen Zwang im Glauben. Der richtige Weg ist*

nun klar erkennbar geworden gegenüber dem unrichtigen." (Sure 2 Vers 252)
Ich denke, dass in diesem Fall nicht die Allgemeinheit, sondern die Täter und Angehörigen solcher Taten für die Vorurteile verantwortlich sind. Wenn die Mörder und ihre Familien diese schrecklichen Taten als Ehrensache betiteln und sich keiner Schuld bewusst sind, brauchen wir uns über die Konsequenzen nicht zu wundern. Wenn diese Szenen sich auch noch alle paar Jahre wiederholen, ist es keine Überraschung, dass in der Gesellschaft dieses verzerrte Bild entsteht.
Der Islam verbietet jede Art von Zwang und bekräftigt die Tatsache, dass der Wille eines Menschen unantastbar ist.

Jeder Mensch, der den Koran gelesen und sich mit den Überlieferungen des Propheten beschäftigt hat, weiß, dass kein Glaube erzwungen werden kann. Es kommt immer wieder die Kritik auf, dass muslimische Gemeinden nicht ausreichend Stellung beziehen und die Gesellschaft bei solchen Themen nicht entsprechend aufklären. Ich bin auch der

Meinung, dass wir mehr Aufklärungsarbeit leisten müssen und auch sollten. Aber die Wahrheit ist auch, dass die Liste der Dinge, für die wir uns rechtfertigen müssen, immer länger wird. Dinge, für die wir nichts können, Dinge, die uns unterstellt und wie ein Stempel aufgedrückt werden. Wenn man ständig für die Fehler anderer geradestehen muss und jahrzehntelang unter Generalverdacht steht, kann einen schon mal die Kraft im Stich lassen. Man hat das Gefühl, gegen Windmühlen anzukämpfen. Es ist sehr anstrengend, wenn ständig eine Lawine von Unterstellungen auf einen zurollt.

Es ist eine sehr schwierige Situation: auf der einen Seite die Unwissenheit der Bevölkerung, auf der anderen die falsche Interpretation von Ehre und Glaube.
Es ist wie mit vielen Themen dieser Art. Glaube und Tradition wird so lange zurechtgebogen, bis die eigenen Verbrechen einen Sinn ergeben. Dann steht man plötzlich als Held da und nicht

als grausamer Mörder, der seine Schwester ermordet hat. Sicherlich ist das eine riesengroße Erleichterung für das eigene Gewissen, aber ein Schlag ins Gesicht Millionen Gläubiger. Es steht mir vielleicht nicht zu, juristische Empfehlungen auszusprechen, aber wir fordern die härtesten Strafen für diese Leute. Genauso für alle anderen Beteiligten, für die, die Anweisungen erteilt haben und für alle, die von diesen Vorhaben wussten, denn diese Art von Verbrechen sind nicht nur eine Sache zwischen Opfer und Täter, sondern betreffen das friedliche Zusammenleben einer ganzen Gesellschaft.

Diese Verbrechen fügen der Allgemeinheit Wunden zu, die sehr schwer wieder zu heilen sind. Man kann Verbrechen in zwei Klassen aufteilen: die, die aufgrund der Tat selbst eine Straftat darstellen, und die, die nach der Tat noch Folgeschäden herbeirufen. Einige dieser Folgeschäden betreffen nicht nur eine einzelne Person, sondern ein ganzes Land. Ich hatte als junger Moslem immer das Gefühl, dass unsere Distanzierung

zu solchen Taten nie wirklich wahrgenommen wurde. Die Medien waren stets bemüht, den Eindruck zu erwecken, dass eine gewisse Zustimmung in der muslimischen Gemeinde besteht. Immer wenn ich so einen Artikel las, empfand ich es als Verrat, Verrat an unserem Glauben und an der Menschlichkeit. Wer Unschuldigen das Leben nimmt, sollte die ganze Härte der Justiz zu spüren bekommen. Auch wenn dies die Tat nicht ungeschehen macht, spendet ein gerechtes Urteil den Hinterbliebenen trotzdem ein wenig Trost. Vielleicht schreckt es den einen oder anderen auch ab und bringt ihn dazu, von so einer schrecklichen Tat abzusehen. Man darf den Effekt eines gerechten Urteils nicht unterschätzen. Sie bietet den Hinterbliebenen die Möglichkeit, die Situation besser zu verarbeiten und verhindert die Politisierung solcher Taten. Auch in diesem Abschnitt meines Buches wird mir die Bedeutsamkeit von Aufklärung wieder bewusst.
Es gibt kaum einen Problembereich, dem man mit Aufklärung nicht entgegenwirken

könnte. Es ist kein Allheilmittel gegen gesellschaftliche Probleme, aber eine gute Basis, um soziale Komplikationen vorzubeugen. Wenn man sich vor Augen führt, wie groß der Einflussbereich eines einzigen Verbrechens dieser Art ist, erkennt man die Notwendigkeit, dagegen vorzugehen. Es ist die Pflicht aller, unsere Frauen zu schützen, und wir müssen dieser Pflicht nachkommen. Es sollte auch jedem bewusst sein, dass das Wegschauen bzw. Ignorieren solcher Fälle uns auch ein stückweit mitschuldig macht. Erst wenn sich jede Frau, jeder Mann und jedes Kind frei entfalten und seine Lebensweise aussuchen kann, sind wir wirklich frei.

Ein Reset für die Seele

Wie wir alle sehen und erkennen können, sind viele Vorurteile haltlos übertrieben oder beruhen auf Missverständnissen.

Dann gibt es noch diese, die durch echte Erfahrungen entstehen und auf Fundamente aufgebaut sind, die der Wahrheit entsprechen. So oder so sind Vorurteile schädlich für ein friedliches Zusammenleben und hindern uns daran, die wahre Persönlichkeit eines Menschen kennenzulernen. Wie viele Freundschaften wären wohl entstanden, wie viele Romanzen oder gute Nachbarschaften, wenn Vorurteile sie nicht von vornherein blockiert hätten?
Was oder wen haben wir im Leben verpasst, nur weil wir uns an irgendwelche Gerüchte geklammert haben?
Hass ist immer eine Minusrechnung, vor allem, wenn er sich gegen Menschen richtet, die wir nicht kennen.
Es werden immer Menschen existieren, über die man sich aufregen könnte.
Es werden immer Probleme da sein, die auf Lösungen warten, Herausforderungen, die gemeistert und Opfer die gebracht werden müssen. Aber für keines dieser Dinge sind Rassismus, Fremdenhass oder Extremismus eine Lösung.

Also müssen wir jetzt einen Reset durchführen - und zwar einen Reset unserer Seele.

Alles auf „Null" stellen und unseren Geist befreien, damit sich die Menschlichkeit in uns wieder entfalten und erblühen kann. Damit wir uns wieder in die Augen blicken und den Menschen vor uns erkennen können. Den Menschen, der wirklich vor uns steht und nicht denjenigen, der durch irgendwelche Vorurteile in unseren Gedanken entstanden ist. Es geht nicht darum, sich eine Traumwelt aufzubauen, in der nur gute Menschen existieren, oder sich einen erzwungenen Optimismus anzueignen. Vielmehr geht es darum, jedem Menschen eine faire Chance zu geben, er selbst zu sein.

Die Entscheidung liegt immer noch bei uns, welche Menschen wir an unserem Leben teilhaben lassen und welche nicht. Der Unterschied ist nur, dass sie nicht aufgrund haltloser Behauptungen von vornherein ausgeschlossen werden.

Kein Mensch ist in der Verpflichtung, mir etwas zu beweisen, genauso verdient es niemand, von mir benotet und grundlos beurteilt zu werden. Als erstes kommt die Erfahrung, dann die Einschätzung und dann die Entscheidung, was mit diesem Wissen geschehen soll. Distanziere ich mich von dieser Person oder halte ich den Kontakt? Und wie weit beeinflusst diese Erfahrung meine zukünftigen Entscheidungen?

Damit müssen wir uns natürlich auch in Zukunft auseinandersetzen, aber mit den Vorzügen eines beruhigten Gewissens, weil jeder von Anfang an die gleichen Chancen hatte.

Darum geht es doch im Leben: die richtigen Entscheidungen zu treffen, das Gleichgewicht zu halten und inneren Frieden zu finden.

Unser Gewissen funktioniert wie ein Kompass und zeigt uns die Richtung an, in die es gehen soll. Und wenn wir genau hinschauen, werden wir sehen, dass dieser Kompass uns immer zur Menschlichkeit führt. Welche Nation hat eine reine Weste? Im Namen welcher Religion wurden keine Verbrechen begangen? Es ist der Mensch, der fehlerhaft ist, und es ist auch wieder der Mensch, der es wert ist, aus diesen Fehlern zu lernen, um es zukünftig besser zu machen. Um aus Fehlern zu lernen, müssen wir in der Lage sein, uns selbst zu kritisieren, und genau das benötigt wahre Stärke. Es reicht nicht, unseren Magen zu füllen und unseren Körper mit Nahrung zu versorgen. Auch unsere Seele braucht Nahrung: in Form von Wissen, Glauben, Freundschaften und guten Taten. Ein ausgeprägtes Sozialleben und die ständige Entwicklung der eigenen Person ermöglicht uns die Balance zwischen Geist und Körper. Daher ist Selbstkritik auch so wichtig. Um uns weiterentwickeln zu können, müssen wir eigene Fehler erkennen und korrigieren, vor allem dann, wenn es um zwischenmenschliche Beziehungen geht. Wenn unser Verstand eine gewisse Reife erreicht hat, werden wir im Zentrum immer den Menschen und die Menschlichkeit als die alles zusammenhaltende Kraft sehen.

Eine Sache sollten wir immer im Hinterkopf behalten, und zwar den Tag, an dem wir uns selbst zu Rechenschaft ziehen, denn dieser Tag ist unausweichlich, zumindest für diejenigen, die ein Gewissen besitzen. Jeder wird sich rückblickend fragen, ob sein Leben einen Sinn hatte.

Wenn jemandem in diesem Augenblick bewusst wird, dass sein Leben bedeutungslos und von Fehlern geprägt war, beginnt die mentale Kapitulation. Es sind nicht die Fehler, die ein Mensch bereut, sondern die verpasste Chance, sie wieder in Ordnung zu bringen. Dass wir fehlerhaft sind, steht außer Frage.

Die Kunst aber liegt darin, aus diesen Fehlern zu lernen und das Gelernte richtig zu nutzen.

Aus diesem Grund sollten wir alles daransetzen, im Reinen mit uns selbst zu sein, die Menschen so zu behandeln, wie wir behandelt werden möchten, und jeden als gleichwertig sehen.

Der richtige Umgang mit den Menschen um uns herum wird uns auch zum richtigen Umgang mit uns selbst führen. Nur wenn wir Frieden mit uns selbst geschlossen haben, können wir Frieden mit der Welt schließen. Wir hören oft, dass Menschen mit einer positiven

Einstellung auch sehr viel Positives erleben. Ich denke auch, dass die positive Einstellung des Einzelnen die Reflexion der Gesellschaft auf ihn beeinflussen kann. Es ist nicht immer einfach und manchmal vielleicht sogar unmöglich, gewisse Dinge positiv zu betrachten. Es geht auch nicht darum, gute Miene zum bösen Spiel zu machen. Vielmehr besteht hier die Herausforderung darin zu versuchen, auch aus der schlechtesten Situation heraus das Beste zu machen. Wir werden nicht allen Konflikten im Leben ausweichen können, genauso wenig können wir schlechte Erfahrungen mit Menschen vermeiden.

Aber wir können verhindern, dass diese Konflikte und Erfahrungen sich zu Rassismus oder Extremismus entwickeln. Ich gehöre nicht zu den Menschen,

die die Realität ausblenden und eine Traumwelt um sich herum aufbauen. Genauso wenig glaube ich daran, dass man mit einer positiven Einstellung alle Probleme beheben kann. Trotz allem vertrete ich aber die Meinung, dass ein Mensch, der im Einklang mit sich selbst

ist, gewisse Situationen besser meistern kann als andere. Zusammengefasst würde es für uns bedeuten, dass wir zuerst an uns selber arbeiten und uns weiter entwickeln müssen. Wenn wir so weit sind, ist es nur noch eine Frage der Zeit, bis unser positives Verhalten auch unser Umfeld beeinflusst. „Vorleben statt predigen" lautet das Motto. Lasst uns alle Vorurteile, schlechten Gedanken und Feindseligkeiten über Bord werfen und neu anfangen.
Lasst uns gemeinsam einen „Reset" unserer Seele durchführen.

Basis Familie

Dass wir im folgenden Kapitel über die Familie sprechen, ist natürlich kein Zufall. Kein anderes Thema wäre so naheliegend und zutreffend, wenn es um inneren

Frieden geht. Wie schon erwähnt, erinnere ich mich sehr gerne an die Zeit mit meiner Familie. Der Zusammenhalt und die Geborgenheit, die ich erleben durfte, war einmalig. Ich wusste ganz genau, dass ich mich immer auf sie verlassen konnte. Dieses Gefühl von Sicherheit und beispielloser Treue stärkte gleichzeitig auch mein eigenes Selbstbewusstsein. Es ermutigte mich zu Dingen, die ich mir im Alleingang wahrscheinlich nicht zugetraut hätte. Meine Eltern standen immer hinter mir und auch meine Geschwister waren stets ein Teil meines Alltags. Nie hatte ich das Gefühl, alleine oder einsam zu sein. Vielleicht war es sogar genau diese Liebe, die mich zu dem Menschen gemacht hat, der ich heute bin.

Deshalb bin ich der festen Überzeugung, dass es einen Zusammenhang zwischen der familiären Situation und der persönlichen Entwicklung eines Menschen gibt. Das soll nicht heißen, dass Kinder aus schwierigen Verhältnissen sich negativ entwickeln müssen oder umgekehrt. Es gibt aber bestimmte Situationen oder

Erlebnisse, die entweder das Schlechte oder das Gute im Menschen fördern. Eine unglückliche Kindheit, Gewalterfahrungen oder Trennungen können den Charakter eines Menschen beeinflussen. Ich denke, wir sind uns einig, dass eine glückliche Familie und eine schöne Kindheit den Start ins Leben erheblich erleichtern. Wem viel Liebe geschenkt wurde, dem fällt es auch einfacher, welche zurück zu geben.

Die Familie spielte für mich immer eine zentrale Rolle im Leben und beeinflusste viele meiner Entscheidungen. Sie spendete mir Kraft in schwierigen Zeiten und prägte meine Persönlichkeit tiefgreifend.

Daher steht es für mich außer Frage, dass ein gesundes Familienleben eine positive Wirkung auf unsere Gesellschaft hat. Als jemand, der viele Fragen stellt und Antworten sucht, stoße ich immer wieder auf die unglaubliche Kraft, die von der Familie ausgeht. Leider habe ich das Gefühl, dass in den letzten Jahrzehnten die Familie immer mehr in den Hintergrund gerückt ist.

Wer den Zusammenhang zwischen gesellschaftlichen Problemen und der Familie nicht verstanden hat, wird es schwer haben, die richtigen Lösungen zu finden. Dinge wie Hass, Extremismus und Gewaltbereitschaft entstehen nicht grundlos. Für die Entstehung solcher Fälle kann vieles verantwortlich sein und eines davon ist sicherlich die fehlende Geborgenheit in einer Familie. Ein Mensch, der schon in seiner Kindheit das Gefühl hatte, niemandem vertrauen zu können, wird es schwer haben, sich vom Gegenteil überzeugen zu lassen. Eine Kindheit, die von Gewalt und Auseinandersetzungen geprägt ist, wird sicherlich ihre Spuren bis in die Gegenwart tragen, genauso wie Fremdenhass und Extremismus im Elternhaus auf das Kind abfärben können. Gerade in Haushalten mit Kindern sollte man seine Wortwahl genauestens bedenken, denn alles, was wir als Eltern sagen und tun, beeinflusst die Entwicklung unserer Kinder. Wir sind so viel mehr als nur Vater und Mutter. Wir sind Lehrer, Vorbild und Freunde. Wenn uns die Bedeutung der Familie bewusst wird, können wir auf dieser Basis die positive Entwicklung unserer Gesellschaft mitsteuern. Natürlich können wir unsere Kinder niemals zu einhundert Prozent vor äußeren Einflüssen schützen, aber wir können ihre Basis stärken und dafür sorgen, dass sie schon von sich aus Schlechtes ablehnen. Der Einfluss von sozialen Medien, Freunden oder politischen Gruppen wird immer präsent sein.

Wichtig ist in diesem Zusammenhang, dass wir als Familie unseren Kindern immer als sicherer Hafen dienen. Wer einen sicheren Hafen als Rückzugsebene hat, muss ihn nicht in irgendwelchen extremistischen Gruppen suchen.

Wer die Wärme einer liebenden Familie gespürt hat, weiß, wie wertvoll Menschen sind. Und dass jeder Mensch, ganz egal woher er stammt, ein Recht auf ein friedliches Leben mit seiner Familie hat. Dass wir in einer multikulturellen Gesellschaft leben, ist ein Segen für uns alle. Zumindest für diejenigen, die für Vielfalt und Toleranz stehen. Die kulturelle

Vielfalt ermöglicht uns Einblicke in Familienstrukturen aus aller Welt. Es gibt so viel zu lernen und so viel Gutes zu vereinen. Jede Kultur geht mit der Thematik „Familie" anders um und das ist auch gut so. Daran können wir erkennen, dass es nicht nur einen richtigen Weg gibt, sondern viele verschiedene, die alle zum Ziel führen. Wenn wir offen dafür sind, können wir sogar unseren Nutzen aus dieser Situation ziehen, einfach indem wir das Beste aus allen Kulturen vereinen. Trotz ihrer Unterschiede haben die meisten Kulturen einen gemeinsamen Nenner: die Bedeutung und Wertschätzung der Familie.

Also sollten wir auch dieses Thema kulturübergreifend behandeln und jedem - innerhalb seiner vier Wände - das Recht auf Eigenbestimmung geben. Jede Familie benötigt ausreichend Raum für ihre persönliche Entfaltung und Gestaltung der eigenen Struktur. Eltern und die Politik stehen gleichermaßen in der Verantwortung, dieses zu gewährleisten.

Unsere Kinder sollten in ihrer Entwicklung bestärkt und gefördert und nicht von politischen, finanziellen oder gesellschaftlichen Problemen beeinflusst werden. Eltern und Behörden sollten Hand in Hand arbeiten, um ein neutrales Umfeld für die Kleinsten zu schaffen, damit unsere Zukunft nicht schon heute ausgebremst wird. Es ist ein Irrglaube zu denken, dass die Familie nur aus Eltern und Kindern besteht. Sie besteht auch aus der Gesellschaft, aus unserem Bildungssystem und der gesetzlichen Grundlage, denn all diese Dinge beeinflussen die Familie genauso wie Immobilienpreise, Kita-Plätze oder der Arbeitsmarkt.

Zusammengefasst bedeutet das, dass es für Eltern sehr schwierig wird ohne die Unterstützung aus der Politik. Es ist nicht leicht, eine Familie zu führen, aber das war es noch nie. Es ist Verantwortung, Leidenschaft und harte Arbeit. Aber es ist auch einzigartig, wertvoll und notwendig. Ich weiß nicht, wie sich mein Leben entwickelt hätte ohne die Unterstützung meiner Eltern und meiner Geschwister. Deshalb versuche ich heute der gleiche gute Vater zu sein, wie es einst mein Vater

für mich war. Meine Kinder sollen dieselbe Liebe und Geborgenheit verspüren wie ich damals. Die größte Unterstützung erhalte ich natürlich von meiner Ehefrau. Es ist ein unglaubliches Gefühl zu beobachten, wie viel Mühe sie sich mit unseren Kindern gibt. Manchmal frage ich mich, woher sie die ganze Kraft nimmt. Ihre Bemühungen motivieren auch mich dazu, mein Bestes zu geben. Und trotzdem habe ich das Gefühl, ihr in keiner Weise das Wasser reichen zu können.
Bei so viel Einsatz und Leidenschaft ist es natürlich eine riesengroße Enttäuschung, wenn in der Gesellschaft die Wertschätzung fehlt. Es gibt so vieles, was der Einzelne beitragen kann und leider auch so viel Beigetragenes, was in unserer Gesellschaft einfach untergeht. Das Glück einer Familie betrifft keinesfalls nur die Betroffenen, sondern die Allgemeinheit. Daher liegt es in unserer Verantwortung, Sorge dafür zu tragen, dass diesem Glück nichts im Wege steht. Das bedeutet aber nicht, dass die Familie zwingend aus Elternteilen und Kindern bestehen muss.

Das Familiäre findet man genauso in einer Partnerschaft, im Freundeskreis oder einer Interessengemeinschaft, sondern überall dort, wo man auf Menschen stößt, die für einen da sind und einen unterstützen. Überall dort, wo man willkommen ist und sich nicht rechtfertigen muss. Überall, wo man geliebt und geschätzt wird, ist eine Familie vorhanden.

Auch wenn sich einige Menschen gerne als Einzelgänger sehen, liegt es in unserer Natur, die Gesellschaft anderer zu suchen. Wir fühlen uns wohler und besser aufgehoben, wenn wir von Menschen umgeben sind, die uns etwas bedeuten. Wir teilen nicht nur unser Brot, sondern auch unsere Freude und unser Leid. Stellt euch vor, ihr erlebt etwas ganz Tolles und es ist niemand da, dem ihr das erzählen könnt. Ihr macht eine sehr schwierige Phase durch und niemand ist da, um euch beizustehen. Zu behaupten, dass diese Situation einen Menschen nicht negativ beeinflusst, wäre fernab jeder Realität.

Deshalb muss die Familie wieder auf jeder

politischen Agenda stehen, Eltern und Kinder müssen mehr gefördert werden. Schulen und Behörden sollten ihren Umgang mit dieser Thematik überdenken und entsprechende Schritte einleiten. Wenn die Familien die Bausteine der Gesellschaft sind, sollten wir darauf achten, dass sie stabil und langlebig sind.

Mein Freund, der Lehrer

Die zentrale Rolle der Familie ist unumstritten, aber auch den Einfluss von Freunden sollten wir nicht unterschätzen. Meine Freundesliste war sehr lang und sehr bunt. Deutsche, Griechen, Türken, Italiener und viele andere mehr. Das war auch gut und richtig so. Wir haben sehr viel voneinander gelernt und im Nachhinein betrachtet haben wir uns gegenseitig auch sehr stark geprägt. Es waren wunderbare Zeiten in Stuttgart, jedes Wochenende wurde zu einem kleinen Abenteuer. Wir lernten nicht nur

den respektvollen Umgang miteinander, sondern auch, unsere Träume und Sorgen zu teilen füreinander da zu sein und, unabhängig von der Herkunft, uns gegenseitig zu vertrauen.
Dieses Vertrauen wurde bis heute nicht missbraucht. Unsere Freundschaften bestehen immer noch,
während wir weiterhin voneinander lernen und uns immer noch gegenseitig prägen. Es macht mich sehr glücklich, Menschen um mich herum zu haben, mit denen ich alte Erinnerungen teilen kann. Menschen, die mich so akzeptieren wie ich bin, und die ich so akzeptiere wie sie sind. Es tut gut, sich nicht verstellen oder rechtfertigen zu müssen, einfach nur du selbst zu sein, weil du weißt, dass du von Freunden umgeben bist. Zwischen meinen Freunden zu sein gibt mir das Gefühl einer Schutzmauer um mich herum. Eine Mauer, die mir Sicherheit bietet und mich vor allem Schlechten da draußen abschottet.
Ich weiß nicht, ob ich heute derjenige wäre, der ich bin, ohne den Einfluss meiner Freunde. Deshalb waren sie nicht

nur Weggefährten für mich, sondern auch Lehrer. So oder so, bin ich für jeden Augenblick mit ihnen dankbar. Der ausschlaggebende Punkt aber ist zu verstehen, dass alle Menschen im Grunde dieselben Sorgen und Wünsche haben. Sie streben nach Frieden, finanzieller Unabhängigkeit, Gesundheit und gesellschaftlicher Anerkennung. Natürlich kommen noch die individuellen Bestrebungen und unterschiedlichen Sichtweisen hinzu. Es ist sehr interessant, wie so viele unterschiedliche Persönlichkeiten in der Basis zueinander finden können. eine Basis, die verschiedene Religionen, Nationalitäten und Kulturen vereint. Diese Basis heißt „Menschlichkeit".

Hin und wieder denke ich darüber nach, was ich alles verpasst hätte, wenn Vorurteile und Hass meine Freundschaften von vornherein blockiert hätten wie viele gute Menschen heute kein Teil meines Lebens wären, wie viele schöne Erlebnisse mir entgangen wären. Vorurteile und Hass hätten mich zum

großen Verlierer gemacht. Ich wäre heute ein Gefangener meiner eigenen düsteren Welt. Stattdessen lebe ich in einer offenen und warmherzigen Welt, in der jede Menge Platz ist für Menschen und ihre Geschichten. Genug Platz, um ganze Völker, Religionen und Sprachen zu beherbergen.
Ich verspüre tiefe Dankbarkeit, dass ich die Vielfalt dieser Welt in meinem eigenen Freundeskreis erleben durfte. Ich bin davon überzeugt, dass mich diese Erfahrungen zu einem besseren Menschen gemacht haben.
Gute Freunde sind ein Segen und fördern die positive Entwicklung des eigenen Charakters. Daher sollten wir nicht der Täuschung erliegen, echte Freunde durch soziale Netzwerke ersetzen zu können. Nicht mal der direkte Vergleich zwischen Freunden und Followern wäre angebracht. Es sind zwei unterschiedliche Dinge auf unterschiedlichen Plattformen und einem anderen Sachverhalt. Vielleicht als Ergänzung zueinander geeignet, aber nicht als Ersatz füreinander.

Ärger im Paradies

Während ich dieses Buch schreibe und die Zeilen meinen Gedanken folgen, versuche ich, eine Sache nie aus den Augen zu verlieren. Die Tatsache, dass wir trotz allem für jeden Augenblick in Deutschland dankbar sein sollten. Zweifellos hat jeder von uns mit Problemen und unangenehmen Situationen zu kämpfen, dennoch ist Deutschland diesen Kampf wert.

Es gibt viel mehr Gutes als Schlechtes, viel mehr Menschlichkeit als Hass und mehr Gerechtigkeit als Unrecht. Das sind die Gründe, warum ich Deutschland meine Heimat nenne, warum Deutschland Heimat für Millionen ist. Verglichen mit vielen anderen Ländern, gleicht

Deutschland einem Paradies. Selbstverständlich kann es hin und wieder auch mal Ärger im Paradies geben. Und genau diese Situation sollte uns noch mehr dazu veranlassen, Probleme schnell und effektiv zu lösen. Damit das viele Gute nicht unter dem wenig Schlechten zusammenbricht. Damit Licht nicht der Dunkelheit weichen muss und unsere Heimat eine Zukunft hat.

Wie wird die Geschichte wohl über uns berichten? Werden die Schüler uns im Geschichtsunterricht verurteilen, weil wir nicht gehandelt haben, als wir noch Gelegenheit dazu hatten? Oder uns vielleicht als Feiglinge betrachten, weil wir unsere Augen vor allen Problemen verschlossen haben?

Ich weiß es nicht! Aber was ich weiß ist, dass ich nicht länger zusehen möchte, wie Deutschland und Europa von Hass und Egoismus zerfressen werden. Das ist unsere Heimat und ein zweites Deutschland existiert nicht. Es gibt so vieles, worauf wir stolz sein können, all die wichtigen Errungenschaften, die wir großartigen Menschen zu verdanken

haben. Menschenrechte, Demokratie, das Grundgesetz und unser Arbeitsrecht, Poesie, Philosophie und vieles mehr. Unzählige Pionierleistungen, die unsere Nation und letztendlich unsere Gesellschaft geformt haben.
Vielleicht ist unser System nicht perfekt, sogar lückenhaft. An der einen oder anderen Stelle noch verbesserungswürdig, aber es bietet uns Halt und ist beständig.
Die Industrie, das Handwerk und die Kunst bieten eine Vielzahl an beruflichen Möglichkeiten. In Vereinen, Stiftungen und sozialen Projekten bekommen Menschen die Möglichkeit, einen Beitrag zu leisten.
Dies sind alles Dinge, die uns selbstverständlich erscheinen, aber von anderen als großer Segen betrachtet werden. Wir besitzen vieles, was für andere Länder und Menschen immer unerreichbar bleiben wird. Von der Kleidung, die wir je nach Wetterbedingungen wechseln können, bis zur der „schweren Entscheidung", was wir zu Abend essen wollen, sind es Dinge, die auf einen gewissen Wohlstand hindeuten.

Das soll nicht bedeuten, dass wir alle reich sind oder keine finanziellen Sorgen haben, aber dass es uns zumindest besser geht als vielen anderen Menschen auf der Welt.

Des Öfteren habe ich betont, wie sehr ich gerne mit anderen Menschen die Diskussion gesucht habe. Ich konnte beobachten, wie Menschen mit finanziellen Sorgen reagieren, wenn man ihnen erzählt, wie gut es ihnen eigentlich geht. Ihr könnt euch sicherlich vorstellen, dass diese Reaktionen nicht immer positiver Natur waren. Aus diesem Grund sollten wir an dieser Stelle betonen, was damit gemeint ist.

Dass es uns im Vergleich mit den meisten anderen Nationen besser geht, bedeutet nicht, dass wir ein sorgenfreies Leben führen und keine Probleme zu lösen haben. Auch wir müssen unsere Miete zahlen, uns um unsere Kinder kümmern und Gedanken über die Altersvorsorge machen. Der große Unterschied ist nur, dass uns in Deutschland - zum größten Teil - auch die Möglichkeiten geboten werden, damit fertig zu werden.

Meine Absicht ist es nicht, in diesem Buch
über die deutsche Wirtschaft oder
Altersvorsorge zu sprechen,
auch nicht alles schön zu reden,
sondern auf die Stabilität und Vorzüge
unseres Landes hinzuweisen. Die Zeit,
in der wir uns befinden, ist schnelllebig
und stellt uns vor große
Herausforderungen.
Herausforderungen, die uns als
Gesellschaft betreffen und vor allem
auch als gesamte Menschheit.
Klimawandel, Flüchtlingskrisen und
Hungersnöte, aber auch Themen wie
künstliche Intelligenz, Pandemien und
die Veränderung des Arbeitsmarktes.
Wie sind wir vorbereitet auf dies alles?
Wie sieht unser Bildungssystem in zehn
Jahren aus? Wer pflegt in Zukunft
unsere alten Mitmenschen?
Das sind doch die Fragen, die uns Tag und
Nacht beschäftigen sollten, und nicht, ob
eine Lehrerin mit Kopftuch an einer Schule
unterrichten sollte oder nicht.
Beschäftigen wir uns weiterhin mit
Fragen, die mehr spalten als verbinden
und mehr diskriminieren als motivieren,

verpassen wir womöglich die Gelegenheit, wirklich Wichtiges zu tun, Dinge, die essentiell für unsere Gesellschaft sind. Wenn wir alle politisch bzw. ideologisch motivierten Diskussionen zur Seite legen, erkennen wir, dass die restlichen Aufgaben uns alle gleichermaßen betreffen. Die Lösung der Probleme in der Schulbildung, Altersvorsorge und im Arbeitsmarkt sollten unsere gemeinsamen Ziele sein. Damit wir dem Paradies ein neues Leben einhauchen können und unsere Kinder dasselbe stabile Umfeld vorfinden wie wir einst. Wenn Dinge mal nicht so laufen, wie sie sollten, sind wir dermaßen auf diese negative Situation fixiert, dass wir alles Gute drumherum vergessen.

Dieses Verhalten ist nur allzu menschlich und nachvollziehbar. Wenn wir Zahnschmerzen haben, denken wir nicht an all die Körperteile, die nicht weh tun. So ähnlich schätze ich die Situation in Deutschland ein. Auch wenn die eine oder andere Stelle weh tut, erfreut sich der Rest des Körpers bester Gesundheit. Auch wenn Deutschland viel Potential für

Kontroversen bietet, bietet sie gleichermaßen auch eine Vielzahl an Möglichkeiten, um zusammenzufinden. Letztendlich liegt die Entscheidung bei uns, welchen Weg wir in Zukunft einschlagen werden. Schauen wir zu, wie unser kleines Paradies Stück für Stück auseinanderbricht oder ergreifen wir endlich das Ruder und segeln gemeinsam einer besseren Zukunft entgegen? Ich für meinen Teil habe mich schon entschieden. Im Rahmen meiner bescheidenen Möglichkeiten werde ich mich für mein schönes Deutschland einsetzen und es zu einem besseren Ort machen.

Endstation Schicksal

Als jemand, der an Bestimmung glaubt, nehme ich den Platz ein, der schon seit jeher für mich vorgesehen war. Es ist eine interessante Erkenntnis, dass mein ganzes Leben aus Gegebenheiten besteht, die als unwahrscheinlich galten. Alles, was sicher oder sehr wahrscheinlich erschien, ist nicht eingetroffen. Umso mehr ist dies ein Grund für mich, hier und jetzt das Richtige zu tun und auf die Erfüllung meines Schicksals zu warten. Ich bin unendlich dankbar, dass ich mit diesem Buch die Gelegenheit bekomme, meine Sorgen und Hoffnungen mit euch zu teilen. Bücher sind etwas ganz Besonderes und ich bin überglücklich, dieser Welt eines hinterlassen zu dürfen. Bücher sind wie ein Portal zu einer anderen Welt. Man öffnet sie, taucht ein und verschmilzt mit der Geschichte. Manchmal können Bücher zu einer Zeitmaschine werden, manchmal zu einer Schule und sogar zu einem guten

Freund. Dann schließt man das Buch und taucht wieder auf, als hätte man seine Seele auf eine lange Reise geschickt und die Seele kehrt etwas reifer und weiser wieder zurück. Fast schon magisch, vorausgesetzt, dass man zu den glücklichen Menschen gehört, die noch an Magie glauben. Dankbar bin ich auch dafür, dass ich die Chance bekomme, euch mit diesem Buch Einblicke in meine Welt zu ermöglichen. Vor allem bin ich aber dankbar, dass ich diese Erfahrungen im Leben machen durfte und letztendlich zu dem Menschen werden konnte, der ich heute bin. Ich bin nicht perfekt und erst recht nicht fehlerfrei, aber entschlossen, meinen Beitrag zu leisten. Es war für mich eine sehr wertvolle

Erfahrung, meine eigenen Gedanken in Zeilen zu formen, dann das Geschriebene mit euch zu teilen und zu hoffen, von euch verstanden zu werden. Es ist ein sehr beengendes Gefühl, etwas sagen zu wollen, aber nicht gehört zu werden. Laut zu rufen, aber keine Antwort zu erhalten. Dieses Buch soll die Stimme der bisher Ungehörten werden. Es soll all diejenigen repräsentieren, die bis heute weder richtig akzeptiert noch wahrgenommen wurden. Meine Absicht ist es nicht, mit meiner Meinung, jemanden zu provozieren oder zu beleidigen. Ganz im Gegenteil, ich strecke meine Hand aus und biete Versöhnung an. Wir brauchen nicht noch mehr Spaltung und Provokation. Wir brauchen gegenseitiges Verständnis und eine gerechte Haltung gegenüber allen Mitgliedern dieser Gemeinschaft. Eine neue Basis, einen Acker, auf dem Menschlichkeit, Gerechtigkeit und Toleranz gedeihen

können. Damit unsere Kinder sich auf ihre Bildung, auf ihren Alltag und die Zukunft unseres Planeten konzentrieren können. Wir sollten und dürfen nicht unseren Kindern eine Welt hinterlassen, die in Hautfarben, finanziellen Status oder Glaubensrichtung aufgeteilt ist. Es gibt so viel Schönes zu erleben, so viel Interessantes zu entdecken und so viele Begegnungen mit wunderbaren Menschen. Wer sich all diesen schönen Dingen widmet, kann sich ein stückweit gegen Hass und Vorurteile immunisieren. Weder glaube ich, dass meine Meinung das Maß aller Dinge ist, noch dass ich in allem richtig liege. Es sind meine Erfahrungen, auf die ich mich stütze, meine Gefühle und meine eigenen freien Gedanken. Die Summe dieser Erfahrungen und Gefühle führt mich zu einem einzigen Ergebnis: Menschlichkeit! Und es ist diese Menschlichkeit, der ich mich verschrieben habe.
Ich weiß, dass viele unter euch dieselben Gedanken haben, dieselben Sorgen und dieselben Hoffnungen. Das ist meine Art, euch mitzuteilen, dass ihr nicht alleine seid, dass wir nicht alleine sind. Wir sind

so viel mehr als nur ein paar Träumer, wir sind viele und wir sind stark, stärker als wir uns vorstellen können. Aber wir sind zu leise und überlassen die Bühne leider denen, die nichts Gutes vorhaben. Es sind immer die anderen, die laut zu hören sind. Sie brüllen Hass, sie brüllen Krieg, sie brüllen Dunkelheit. Aber wieso Dunkelheit und Schatten, wenn doch die ganze Schönheit dieser Welt im Licht zu sehen ist? Sogar jetzt, in diesem Augenblick, habe ich das Gefühl, nicht alleine zu sein. Als würdet ihr jetzt schon mein Buch lesen und mir unterstützend zustimmen, als wären wir im ständigen Dialog miteinander. Diese Zeilen zu schreiben, ist eine unglaublich emotionale Herausforderung für mich, weil alle Erfahrungen, alle Menschen und alle Gefühle echt sind. Dieses Buch handelt nicht von fiktiven Personen, sondern von uns. Von uns und unserem Leben, von der Zukunft unserer Kinder. Es ist die Geschichte eines Mannes, der in Stuttgart geboren und groß geworden ist. Eines Mannes, der an einem Wendepunkt seines Lebens den Entschluss gefasst hat, das Richtige zu tun, sich zu Wort zu melden und Verantwortung zu übernehmen. Verantwortung für alles, was in seinen Leben und um ihn herum passiert. Ich bin ein Teil dieser Gesellschaft und möchte auch als solcher gesehen und akzeptiert werden. Mit all meinen Rechten und Pflichten, nicht mehr und nicht weniger. Die treibende Kraft für dieses Buch ist zweifellos Hoffnung.

Die Hoffnung auf eine bessere Zukunft, auf Zusammenhalt und einen respektvollen Umgang miteinander. Man muss nicht immer Wunder vollbringen oder eine Revolution beginnen, um etwas zu verändern. Manchmal ist ein Umdenken in der Gesellschaft ausreichend, um wunderbare Ergebnisse zu erzielen. Die Phase des Umdenkens in einer Gesellschaft kann Jahre in Anspruch nehmen, vielleicht benötigt es sogar eine ganze Generation. Aus diesem Grund sollten wir keine Zeit vergeuden, um den Grundstein für eine bessere Zukunft zu legen. Lasst uns gemeinsam aus der Geschichte lernen, gemeinsam das Richtige tun und vorbeugend handeln.

Lasst uns nur einmal eine Katastrophe verhindern, bevor sie geschieht. Damit wir nicht erst großes Leid erfahren müssen, um uns dann im Nachhinein unsere Fehler eingestehen zu müssen. Das Schicksal hat uns alle zusammengeführt und wartet nun darauf, dass sich die Helden zeigen. Das sind Menschen, die hin und wieder auch mal an das Wohl anderer denken.

Menschen, die keine Angst vor dem Teilen haben. Menschen, die ihren bescheidenen Beitrag leisten. Nichts Großartiges, könnte man denken, aber das ist ein Irrtum. Es sind genau diese Art von Menschen, die unsere Welt etwas lebenswerter machen.
Nun müssen wir uns entscheiden! Leisten wir unseren Beitrag oder stecken wir den Kopf in den Sand? Diese Frage muss jeder für sich beantworten.
Unsere gemeinsame Reise endet hier, vorerst. Ich hoffe, dass ich euch ein stückweit meine Welt und meine Gedanken nahebringen konnte und hoffe, euch bei meiner nächsten Reise wieder anzutreffen.
Seid gut zueinander, wir gehören alle zur Menschheitsfamilie.

A. Bayram

Zeilen der Vernunft
Zitate von A. Bayram

Die Zeit ist der einzige Rohstoff ohne Alternative.

Wenn dich dein Streben nach Geld deine Menschlichkeit kostet, war es ein Minusgeschäft.

Wenn du liest, befreist du deinen Geist, wenn du schreibst, befreist du die ganze Menschheit.

Es sind nicht deine Besitztümer, die dich groß machen, sondern die Dinge, auf die du bewusst verzichtet hast, um das Richtige zu tun.

Wahre Unsterblichkeit erlangt man nur durch gute Taten im Dienste der Menschheit. Der Körper stirbt, die Geschichte bleibt.

Die Welt zu verändern, beginnt mit einem Gedanken, dann mit dem Willen zu handeln und letztendlich mit der Handlung selbst.

Man wird uns an dem messen, was wir gesagt und getan haben. Nicht an dem, was wir dachten oder noch vor hatten zu tun.

Genauso, wie der Herzschlag eines Menschen beweist, dass der Körper lebendig ist, beweisen Gefühle wie Mitleid, Reue und Dankbarkeit, dass die Seele noch lebt.

Ein freundliches Lächeln, ein paar nette Worte und Beistand in schwierigen Zeiten sind kostenlos, trotzdem sind sie mehr wert als alle Schätze dieser Welt.

Gedanken in Worte zu fassen und zu Papier zu bringen, ist wie die Seele zu dokumentieren. Natürlich wird das Geschriebene nicht jedem gefallen, aber ich habe auch nicht vor, es jedem recht zu machen.

So wie die ersten Sonnenstrahlen die Dunkelheit der Nacht verdrängen und alles Schöne ins Licht stellen, ist es die Liebe, die die schönen Seiten unserer Seele hervorhebt und zum Vorschein bringt.

Stille ist eine Sprache, die jeder versteht.

Nichts bringt das hässliche Erscheinungsbild eines Charakters so sehr zum Vorschein wie Überheblichkeit gegenüber anderen Menschen.

Wenn die Einsamkeit eines Einzelnen messbar wäre, würde sie dem Gewicht entsprechen, das notwendig wäre, um die ganze Menschheit in die Tiefen des Ozeans zu ziehen.

© 2023, Abdullah Bayram
Herstellung und Verlag: BoD – Books on Demand, Norderstedt
ISBN: 9783734709685

CPSIA information can be obtained
at www.ICGtesting.com
Printed in the USA
LVHW100725070223
738796LV00004B/187